佐賀学ブックレット⑥

佐賀城下にあった幻の大名庭園——観頤荘《Kanisou》

中尾友香梨《Nakao Yukari》

海鳥社

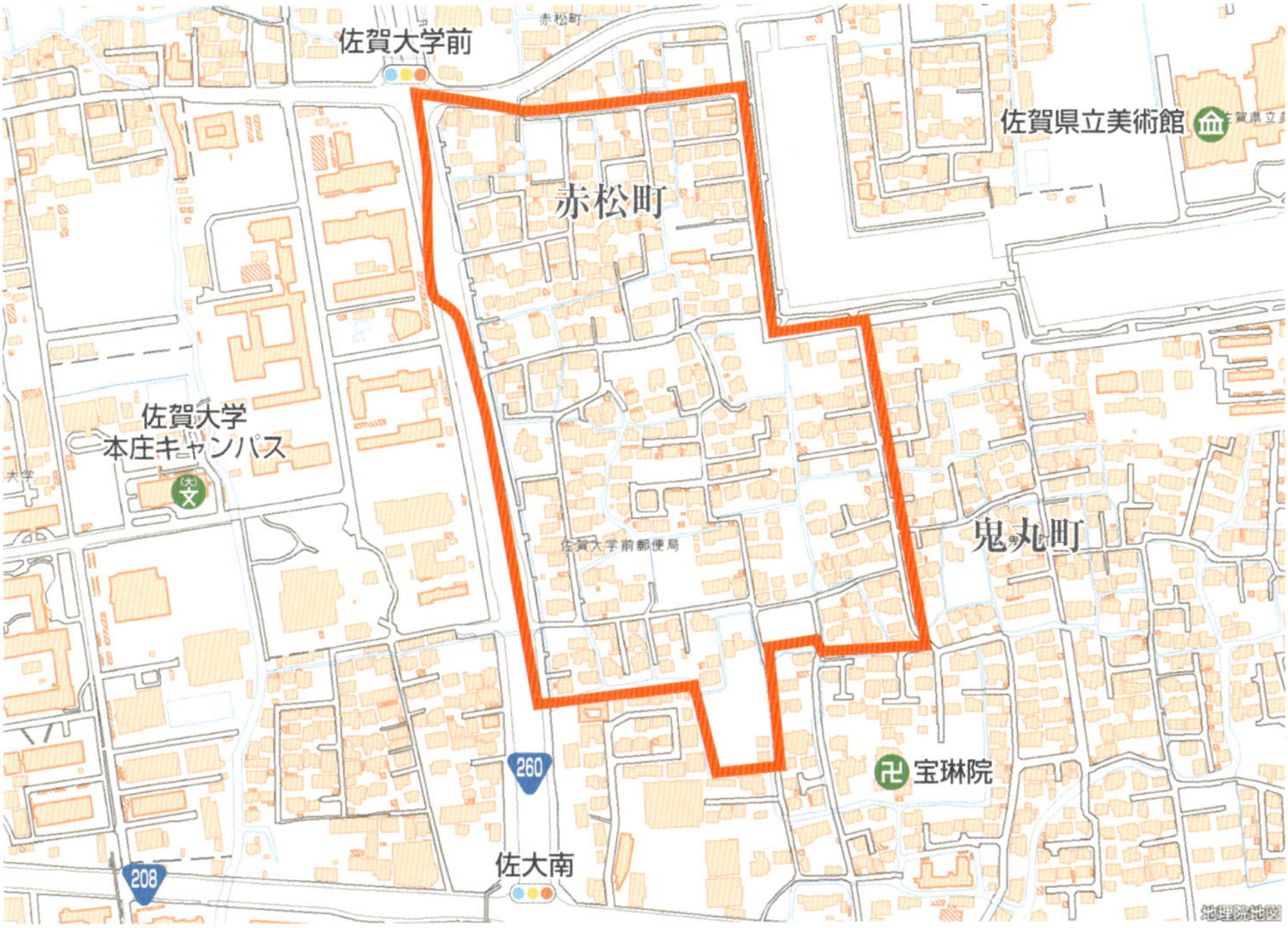

口絵１　広大な大名庭園があった場所（基図には国土地理院地図を使用）

口絵３　『観頤荘記』（公益財団法人鍋島報效会蔵，佐賀県立図書館寄託）

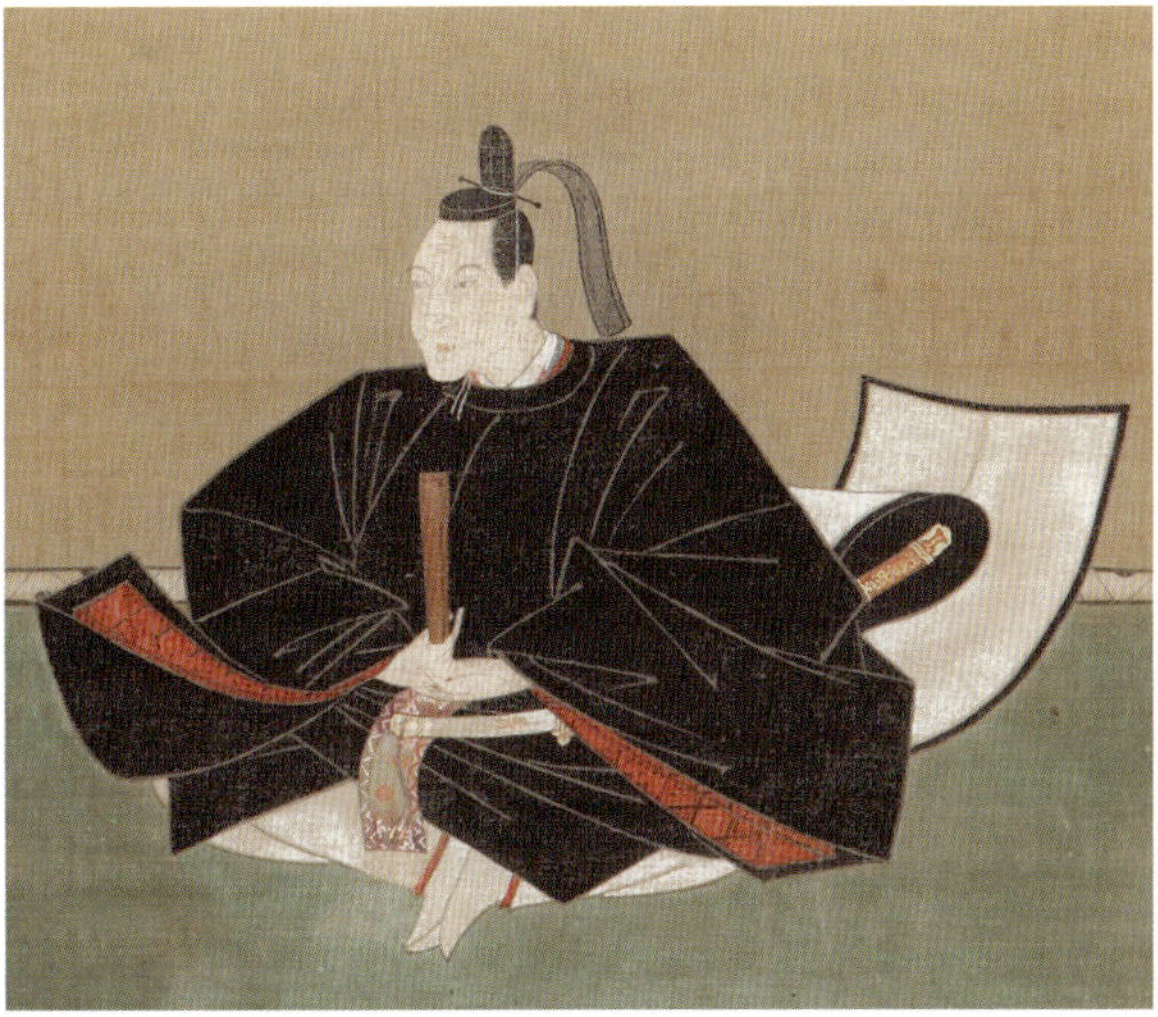

口絵２　佐賀藩三代藩主・鍋島綱茂公肖像（公益財団法人鍋島報效会蔵）

蕃育園（左端）

代璋弄（左下）

口絵４　「観頤荘図」（公益財団法人鍋島報效会蔵）

聖堂（中央）

雲捧楼（中央上）

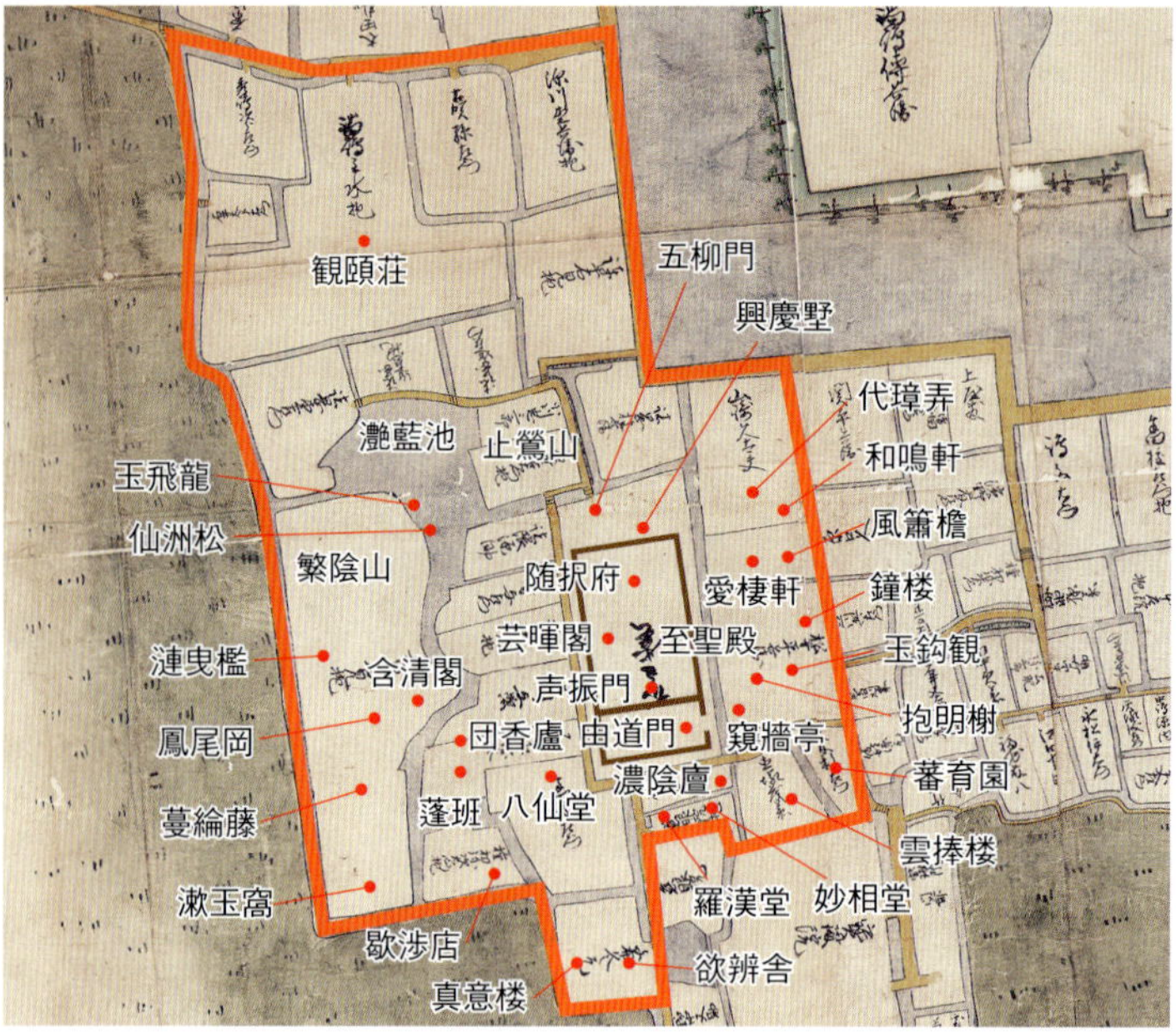

口絵５　観頤荘の景観配置推測図（基図には「元文５年［1740］佐賀城廻之絵図」を使用，公益財団法人鍋島報效会蔵）

口絵６　観頤荘の景観配置推測図（基図には国土地理院地図を使用）

まえがき

かつて佐賀城のすぐ西側に、広大な大名庭園があったことをご存じでしょうか。

庭園の敷地は、現在の佐賀市赤松町南部と鬼丸町西部を占めていました。北は中周路小路線まで、西は佐大通りの東側を流れる水路（古江湖川）あたりまで、南はこの水路が東南方向へ曲がってジグザグに描く曲線まで、東は鬼丸分五号線と西堀端までを囲い込み（口絵1）、総面積は実に十一万六千平方メートル弱（約三万五千坪）あったと見られます。

ちなみに、『ブリタニカ国際大百科事典』によれば、「日本三名園」に数えられる金沢兼六園《けんろくえん》の総面積は約十万七百平方メートル、水戸偕楽園《かいらくえん》は十一万五百平方メートル、岡山後楽園《こうらくえん》は十三万三千平方メートルあるそうですが、兼六園と後楽園が現在の規模と形になったのは、いずれも江戸後期になってからであり、江戸中期までは現在の約七割、またはそれを下回る規模しかありませんでした。偕楽園に至っては、造園自体が江戸後期になって始まっています。

これに対して、元禄十一年（一六九八）に造営が始まった佐賀城下の大名庭園は、同十五年にはすでに十万平方メートルを超える規模になっていたと見られます。園内には大きな池をはじめ、築山《つきやま》、滝、川、船、太鼓橋、展望台、楼閣、茶屋、茶室、月見台、鐘楼《しょうろう》、馬場、藤棚などが豊富に取り揃えられ、外国の珍しい動物や鳥を飼育する、今日の動物園のような施設もあり、内容と規模のいずれにおいても、日本三名園とくらべてまったく遜色のないものでした。否、近世前期の当時においては、トップレベルの大名庭園であったといえます。

ただ残念なことに、この庭園は造園から九年に満たない宝永四年（一七〇七）二月に一部が解体され、近代以降は跡形もなく姿を消してしまいました。庭園の敷地があった場所は、現在住宅が密集しており、かつてここに豪壮《ごうそう》な庭園が存在したことすら知る人は稀でしょう。かろうじてその面影を偲ばせるのは、庭園の敷地を囲み、園内にも張りめぐらされていた一部の水路と道路のみです。

まさに幻と化してしまった庭園ですが、幸いなことに、当時の園内の様子を書き記した『観頤荘記《かんいそうき》』と、後年この書物の内容を再現したと思われる「観頤荘図」が残っています。

「観頤荘」とはこの庭園の名前です。『観頤荘記』は庭園を造営した佐賀藩三代藩主・鍋島綱茂《なべしまつなしげ》公（一六五二～一七〇六、口絵2）の手になるものであり、現在公益財団法人鍋島報效会にその転写本が保存されています（口絵3）。原本は現時点では見つかっていません。内容はすべて漢文で記されており、執筆の日付は元禄十五年（一七〇二）十月某日となっています。

一方、「観頤荘図」は二種類あり、一つは縦六十一・九センチ、横百三十四・五センチの美しい彩色の掛幅装です（口絵4）。北から南を眺める角度で描かれています。落款はないものの、鍋島報效会の大正七年の御道具帳に「観頤荘図　成富椿屋筆　一幅／右須古家ヨリ借用写之」と記されているので、蓮池藩士・成富椿屋《なりとみちんおく》（一八一三～一九〇七）が模写したものと見られます。

もう一つの「観頤荘図」は巻子装ですが、こちらも落款はなく、制作者・制作時期ともに不明です。モチーフは成富椿屋制作の掛幅とほぼ同じであり、いずれかの片方がもう片方を模写したものと推測されます。

ただいずれにしても、『観頤荘記』と「観頤荘図」を比べてみると、必ずしも完全に一致するわけではありません。『観頤荘記』は文芸作品であり、「観頤荘図」は絵画作品であるので、いずれも多少脚色があったと思われます。本書では、庭園を造営した綱茂公が自ら執筆した『観頤荘記』を、より信憑性の高いものと考え、これにもとづいて紹介していきます。

『観頤荘記』の原文については、全篇を翻字し、書き下し文と現代語訳を附して、平成二十八年に『佐賀藩第三代藩主・鍋島綱茂の文芸――「観頤荘記」を読む』として刊行しているので、そちらを参照していただければ幸いです。ただ、今回の執筆に際して、一部の解釈と現代語訳を改めた箇所があります。

それでは、さっそく三百年前の元禄時代にタイムスリップし、観頤荘の中を探検してみましょう。

目次

第三章　観頤荘造営の背景と実際の利用

第四章　観頤荘のその後

佐賀城下にあった
幻の大名庭園――観頤荘

第一章　いざ、庭園の中へ

観頤荘の敷地は、それぞれの方角と位置によって、東西南北の四つのエリアと東南エリア、西南エリア及び中央エリアに分けることができ、中央エリアはさらに中央西エリアと中央東エリアに分けられます。

綱茂公の『観頤荘記』に記された回遊の道順は、北から南へ、西から東へ向かって蛇行しながら、庭園の隅々まで満遍なく観賞できるように工夫されています。具体的には、庭園の北エリアから出発して、西エリア→西南エリア→南エリアと進んだ後、中央西エリアを経由して北上します。そして、北エリアの手前で踵《きびす》を返し、今度は中央東エリアを通って南下し、東南エリアに着いた後、東エリアを通って再び北上します。

それでは、以下この順路に沿って園内を回ってみましょう。口絵5を地図として参考にしながら歩を進めてください。まずは出発地の北エリアからです。

北エリア（屋敷～止鶯山）

観頤荘（かんいそう）

北側に大きな屋敷があり、扁額《へんがく》には「観頤荘」の三文字が記されています。名前の由来については第三章で詳しく述べることにし、ここではまず屋敷の前の景観を紹介しましょう。

灔藍池（えんらんち）

屋敷の前に、大きな池があり、なみなみと湛《たた》えられた水は、底の砂まではっきり見えるほど青く澄んでいます。池の水にふれた瞬間、たちまち指まで藍色《あいいろ》に染まってしまいそうです。そこで、この池には「灔藍池」という美しい名前がつきました。

〔名の由来〕中国北宋の詩人・徐積《じょせき》の詩（「淮之水」）に、「青於藍」（藍よりも青く）、「瀲瀲灔灔天尽頭」（なみなみと満ちて空のはてまで届く）とあるのにちなんでいます。

繁陰山（はんいんざん）

池に臨んで切り立った西側の岩山には、木々が鬱蒼《うっそう》と茂り、珍しい一群の岩が青い空の下で陽光に輝《かがや》いています。この山を「繁陰山」といいます。

〔名の由来〕北宋の文人・欧陽脩《おうようしゅう》の「酔翁亭記《すいおうていき》」に、「佳木秀而繁陰、」（美しい木が茂って豊かな陰をつくる）とあるのにちなんでいます。

玉飛龍（ぎょくひりゅう）

繁陰山の岩と岩の間から、ほとばしるように滝が勢いよく流れ落ちています。その名も「玉飛龍」。玉（石のたとえ）の中から飛び出る龍という意味の素敵な名前です。

〔名の由来〕北宋の文人・蘇軾《そしょく》の詩（「廬山二勝並序、其一、開先漱玉亭」）に、「擘開青玉峡、飛出両白龍、」（青玉峡《せいぎょくきょう》の谷を引き裂いて、二頭の白龍が飛び出る）とあるのにちなんでいます。青玉峡は廬山《ろざん》の開先寺《かいせんじ》（のち秀峰寺《しゅうほうじ》）の前にある峡谷の名前です。

仙洲松（せんしゅうしょう）

繁陰山のふもとのなぎさには、松の老木が、千年の樹齢を誇るかのように、長い枝を拡げ、大きな陰をつくっています。これを「仙洲松」といいます。

〔名の由来〕唐の詩人・綦毋潜《きぶせん》の詩（「題沈東美員外山池」）に、「仙郎偏好道、鑿沼象瀛洲、」（仙郎《せんろう》は一途に道術《どうじゅつ》を好み、庭に池を掘り、中に島をつくって、瀛洲《えいしゅう》を象《かたど》る）とあるのにちなんでいます。仙郎は仙人。瀛洲は中国の神仙思想において仙人が住むとされる島です。

酔翁亭記　酔翁亭は、欧陽脩が安徽省滁州の太守（長官）に左遷されたとき、僧知遷が彼のためにつくった亭。琅琊山麓の風光明媚な場所に建てられたこの亭を、欧陽脩は気に入り、友人らとともによくここに遊んだ。そして自ら酔翁と号し、この亭を酔翁亭と名づけた。なお、欧陽脩が自ら綴った「酔翁亭記」は、名文として『古文真宝』などに収められ、日本でも広く読まれた。

詩経　中国最古の詩集。風・雅・頌の三部からなり、雅は朝廷の音楽で、大雅と小雅に分かれる。

止鶯山（しおうざん）

池を挟んで、繁陰山の向かいの東側にも築山《つきやま》があり、鬱蒼と茂った森の中から時おり鳥の鳴き声が聞こえてきます。この山を「止鶯山」といいます。

〈名の由来〉『詩経』小雅の「綿蛮《めんばん》」篇に、「綿蛮黄鳥、止于丘隅」（のどかに囀《さえず》る鶯《うぐいす》は、丘の隅《すみ》に止《と》まる）とあるのにちなんでいます。黄鳥《こうちょう》は鶯の別名です。

ここまでが庭園の北エリアです。続いて、池の西側の岩山（繁陰山）を越えて、南へ進んでみましょう。

滝のすぐ近くにもうけられた石段を登っていくと、大迫力の滝の音と頻《しき》りにふりかかってくる涼しい水しぶきに、一瞬、俗世間を離れ、別世界に入っていくような錯覚を覚えます。

鬱蒼と茂った森を通り抜け、岩山の南側に下り立つと、そこは庭園の西エリアです。

西エリア（漣曳檻〜済旱木）

漣曳檻（れんえいかん）

小道が沢と石をめぐり、その先に赤い欄干《らんかん》（檻）をめぐらした小さな屋敷が見えます。欄干の下の池では、鯉《こい》がいきいきと泳ぎ、さざ波がゆらゆらと揺れ動いています。扁額には「漣曳檻」の三文字が記されています。

〈名の由来〉唐の詩人・杜甫《とほ》の詩（「重題鄭氏東亭」）に、「清漣曳水衣」（清らかな漣《さざなみ》が水面に浮かんだ水苔《みずごけ》を揺らす）とあるのにちなんでいます。

含清閣（がんせいかく）

岩山のふもとに高殿《たかどの》が建っており、上にのぼると、川に映った木々の影とサラサラと流れる水の音が、耳目を楽しませてくれます。扁額には「含清閣」の三文字。

〈名の由来〉中国の南北朝時代の詩人・謝霊運《しゃれいうん》の詩（「石壁精舎還湖中」）に、「山水含清暉」（山川は清らかな光を含んでいる）とあるのにちなんでいます。

玉生芝（ぎょくせいし）

高殿の近くの水辺に、霊芝《れいし》が生えており、綱茂公はこれに「玉生芝」と名づけました。霊芝が生えるのは、世がよく治まっていることの象徴とされます。

〈名の由来〉東晋の謝玄《しゃげん》が、幼い頃、名宰相《さいしょう》である叔父の謝安《しゃあん》から、将来の夢を尋ねられ、「芝《し》蘭《らん》や玉樹《ぎょくじゅ》を家の庭に生えさせたい」（わが一族から立派な人物を輩出させたい）と答えたという、「謝庭蘭玉《しゃていらんぎょく》」の故事にちなんでいます。「芝蘭」は霊芝と蘭、転じて性質・才能・人徳のすぐれた人物のたとえであり、「玉樹」は美しい木、転じて風姿の高潔な人物のたとえです。

鳳尾岡（ほうびこう）

含清閣の前、漣曳檻の後に、小高い岡があり、ソテツが栽《う》えてあります。この岡を「鳳尾岡」といいます。

〈名の由来〉ソテツの別名、「鳳尾蕉《ほうびしょう》」にちなんでいます。

済旱木（さいかんぼく）

鳳尾岡のふもとの水辺に、枯れた葛《かずら》で龍の姿をかたどったオブジェが置かれています。遠くから眺めれば、あたかもとぐろを巻いた龍がいまにも空に向かって飛び上がっていきそうに見えます。これを「済旱木」といいます。綱茂公が領民を旱魃《かんばつ》から救う願かけのためにつくったものです。

〈名の由来〉蘇軾の詩（作品名未詳）に、「遷作甘霖済旱民、龍云龍云飛躍云」（空に昇って旱《かん》天《てん》に慈雨《じう》を降らせ、旱《ひでり》に苦しむ民を救え、龍よ、龍よ、飛び上がれ）とあるのにちなんでいます。

西南エリア（蔓綸藤～漱玉窩）

含清閣の前を通り過ぎ、右の方に目をやれば、長い木棚に藤の花が咲きこぼれており、その先は庭園の西南エリアです。

蔓綸藤（まんりんとう）

西南エリアの入口にある藤棚です。遠くから眺めると、まるで紫の滝がかかっているようです。

〈名の由来〉唐の詩人・銭起《せんき》の詩（「古藤」）に、「引蔓出林樹、垂綸覆巣鶴」（蔓《つる》を引いて林を出、糸を垂らして巣籠《すご》もりの鶴を覆《おお》い隠す）とあるのにちなんでいます。

漱玉窩（そうぎょくか）

庭園の西南隅の川辺に、隠者の住まいのような質素な小屋があり、扁額には「漱玉窩」の三文字が記されています。

〈名の由来〉西晋の詩人・陸機《りくき》の詩（「招隠詩」）に、「飛泉漱鳴玉」（滝が石を洗いながら、きれいな音を立てる）とあるのにちなんでいます。

〈漱玉窩から眺める園外八景〉

漱玉窩から、園外の遠景が楽しめます。綱茂公はそのうちの八景を選び、漱玉窩の壁に記しました。

●天山晴霞（てんざんせいか）

天山《てんざん》にかかった霞が晴れ、高く険しい峰が遠く姿を現すときの景色。

●館址蒼松（かんしそうしょう）

盛り土だけが残った旧館の跡地に、青松が鬱蒼と茂った景色。

天山　現唐津市・小城市・佐賀市・多久市に跨り、佐賀県のほぼ中央に位置する山。

旧館の跡地　鍋島家の祖・長岡経秀は、京都から肥前に下り、鍋島の地に居館を構え、鍋島氏を名乗った。その屋敷地が具体的にどこにあったのか、明記された文献はないが、現佐賀市鍋島町鍋島にある「御館の森」（佐賀市指定史跡）が、鍋島氏発祥の地として伝えられる。

龍門山　『観頤荘記』に「龍門山は東に当たり、俗に呼びて宝琳院と云う」（原漢文）とあるので、庭園の東側にあった宝琳院を指すと思われる。

今津　現佐賀市西与賀町にあった河港。有明海と佐賀城下を結ぶ運河の働きをした本庄江の渡船場として栄えた。

里外　今津と同じく、現佐賀市西与賀町に位置し、渡船場があった。荷揚場や倉庫、貨物の集積場があり、市が立ってにぎわった。「厘外」と書くのは、江戸時代後期になってからという。

野田村　現佐賀市嘉瀬町にあった村。

砥川山　現小城市牛津町にあった山。

本荘村　現佐賀市本庄町にあった村。

●**龍門升月（りゅうもんしょうげつ）**

龍門山《りゅうもんざん》（宝琳院《ほうりんいん》）の茂った木々を分けて昇った月が、林の端にかかったときの美しい景色。

●**今津遠帆（いまづえんはん）**

今津《いまづ》の渡船場《とせんば》に、荷物や人をのせた舟が出入りするのが遠く見える風景。

●**里外茅檐（りんげぼうえん）**

里外《りんげ》の市場に、茅葺《かやぶ》きの家屋が高低・長短不揃いに軒《のき》を連ね、商人たちが忙《せわ》しげに往来するのが遠く見える風景。

●**野田賓雁（のだひんがん）**

野田村《のだむら》の果てしない田畑の上を、雁《かり》の群れが甲高《かんだか》い鳴き声をあげながら飛んでいく風景。

●**砥川夕陽（とがわせきよう）**

砥川山《とがわやま》の向こうに、夕陽がゆっくりと沈んでいく風景。

●**荘村農夫（しょうそんのうふ）**

本荘《ほんじょう》村の田畑に、実った稲穂が雲のように連なり、農夫が収穫にいそしむ風景。

以上が漱玉窩から眺める園外八景です。このうち、「龍門升月」のみが東側の風景であり、残り七景はすべて西側または西北側の風景です。庭園の西南隅に位置する漱玉窩からは、やはり西側や西北側の風景がよく見えたのでしょう。

漱玉窩を出て、東へ進むと、一本の川が流れており、川を渡ると、南側に小さな茶屋がたたずんでいます。ここから庭園の南エリアに入ります。

南エリア（歇渉店～欲辨舎）

歇渉店（けっしょうてん）

遊園者が休憩をとるようにもうけられた小さな茶屋です。

〈名の由来〉唐の詩人・長孫《ちょうそん》佐輔《さほ》の詩（「山家」）に、「独訪山家歇還渉」（ひとり山家を訪ね、休んでまた歩く）とあるのにちなんでいます。

真意楼（しんいろう）・欲辨舎（よくべんしゃ）

歇渉店を出て、さらに東へ進むと、大きな太鼓橋が川にかかっており、橋を渡ると、二階建ての楼閣があります。これを「真意楼」といいます。真意楼の傍らには質素な草庵《そうあん》が結ばれており、これを「欲辨舎」といいます。

〈名の由来〉東晋の詩人・陶淵明《とうえんめい》の詩（「飲酒」第五首）に、「山気日夕佳、飛鳥相与還。此中有真意、欲辨已忘言」（山は夕暮れどきにひときわ美しく、鳥が連れ立ってねぐらへと帰ってゆく。この眺めの中にこそ、わたしの本当の思いがあるが、それを言おうとした途端に、もう言葉を忘れてしまった）とあるのにちなんでいます。

〈真意楼上の五珍〉

真意楼の二階に上ると、朽木《くちき》と枯葛《かれかずら》が掛け軸や扁額の代わりに壁や柱に掛かっています。全部で五つあり、これを「五珍《ごちん》」といいます。

●見牛木（けんぎゅうぼく）

牛の形をした朽木。見牛《けんぎゅう》の仁術《じんじゅつ》に見立てられています。

●蟠龍木（ばんりゅうぼく）

龍の形をした朽木。蟠《わだかま》った龍に見立てられています。

●常山霊（じょうざんれい）

蛇の形をした枯葛。常山《じょうざん》の蛇に見立てられています。

●観瀾葛（かんらんかつ）

波の形をした枯葛。観瀾《かんらん》の道理に見立てられています。

●霊洞梩（れいどうたい）

中が空洞になった朽木。壺中天《こちゅうてん》の仙境に見立てられています。

〈真意楼上の十五景〉

真意楼の上から、園内外の近景と遠景が楽しめます。綱茂公はそのうちの十五景を選び、真意楼の壁に記しました。

●背岳積雪（せだけせきせつ）

冬、脊振山《せふりやま》に積もった雪が清々《すがすが》しく目に映《うつ》る風景。

見牛の仁術　斉の宣王がお祭りの生贄用に牽かれていく牛を見てかわいそうに思い、止めたという話を聞いて、民にも同様に仁政を施すようにと孟子が諭した話。『孟子』梁恵王章句上に見える。

蟠った龍　いつ飛び上がるかわからない、変化に富んだものの象徴とされる。

常山の蛇　常山に住む蛇は、頭を打たれれば尾が助け、尾を打たれれば頭が助け、胴を打たれれば頭と尾がともに助けたという、『孫子』九地篇の故事。ここでは、物事の筋道が首尾一貫すべき道理をたとえていう。

観瀾の道理　水の深さを知るためには、まずその波を観察する必要がある。波の立ち方は、水の深さによって決まるからである。『孟子』尽心章句上に載っているこの言葉（観水有術、必観其瀾）をふまえる。物事の本末を見極めるべき道理をたとえていう。

壺中天の仙境　後漢の費長房という人物が、市場の役人をしていたとき、薬を売る老人が、日没時に店先に吊してあった壺に跳び込むのを目撃して、頼んで一緒に入れてもらったところ、中には立派な建物があり、美酒・佳肴が並んでいたので、共に飲んで出てきたという故事。『後漢書』方術伝下「費長房伝」に見える。

●**温泉蒸煙（うんぜんじょうえん）**
春、温泉岳《うんぜんだけ》（雲仙岳）から白い煙がもうもうと立ちのぼる風景。

●**多良翠霧（たらすいむ）**
夏、多良岳《たらだけ》の表面にうっすらとかかった霧が、神秘的な雰囲気をかもし出す風景。

●**西疇観稼（せいちゅうかんか）**
秋、西の広大な田畑に、たわわに実った穀物がつくる黄金の波。

●**曲江龍橋（きょくこうりゅうきょう）**
園内を流れる曲水にかかった大きな太鼓橋が、まるで伏した龍のように見える風景。

●**前池澄月（ぜんちちょうげつ）**
夜、屋敷の前の池に、清らかな月が浮かぶ風景。

●**平原花塢（へいげんかお）**
春、緑を敷きつめたような草原《くさはら》に、花畑が織りなす美しい錦。

●**湾渓桃花（わんけいとうか）**
園内を流れる渓流の両側に咲き誇る桃の花が、水面を赤く染めている風景。

●**堆岩飛泉（たいがんひせん）**
繁陰山の岩と岩の間から、ほとばしるように滝が流れ落ちている風景。

●**沙場講馬**（さじょうこうば）

砂を敷きつめた馬場で、藩士たちが馬の訓練に励《はげ》む風景。

●**層嶺仙径**（そうれいせんけい）

深い山奥に向かって伸び、まるで仙境に通じているように見える小径《こみち》。

●**廻岸楓樹**（かいがんふうじゅ）

曲水の岸辺に沿ってずらりと立ち並ぶ数百本の楓《かえで》が、秋につくり出す壮観な景色。

●**桜下金井**（おうかきんせい）

茶室の傍らにたたずむしだれ桜とその下の井戸。

●**野渡泛舟**（やとはんしゅう）

園内の野原を流れる川の渡し場に、ぽつんとつながれて、まるで旅人を待っているかのように哀愁を誘う小舟。

●**杳院漏鐘**（よういんろうしょう）

城郭を隔てて遠くの寺院から聞こえてくる鐘《かね》の音。

以上が、真意楼から鑑賞できる園の内外の十五景です。では、真意楼を下りて、北へ歩を進めましょう。

中央西エリア（八仙堂〜団香廬）

八仙堂（はっせんどう）

真意楼から北へしばらく進むと、「八仙堂」に着きます。堂内には、八人の仙人の像が安置されています。

蓬班（ほうはん）

八仙堂の西側に、茅葺《かやぶ》きの茶屋があり、扁額には「蓬班」と記されています。〈名の由来〉唐の詩人・盧仝《ろどう》の詩（「走筆謝孟諫議寄新茶」）に、「蓬莱山、在何処」（蓬莱山《ほうらいさん》は、どこにあるのか）とあるのにちなんでいます。蓬莱山は瀛洲と同じく中国の神仙思想に説かれる三神山の一つとされます。

釣詩梅（ちょうしばい）

蓬班の傍らに、梅の木が植えてあり、伏すように横に伸びたその形は、遠くから眺めれば、山のようであり、島のようであり、また扇のようにも見え、船のようにも見えます。見る角度によって、異なる興趣を覚えさせ、魚を釣りあげるように、来遊の騒人墨客《そうじんぼっかく》から次々と詩を釣りあげます。そこでこの木には「釣詩梅」という名がつきました。

〈名の由来〉南宋の文人・胡銓《こせん》の詩（「和林和靖先生梅韻」第四首）に、「一年佳処早梅時、勾引風情巧釣詩」（一年のうちもっとも素晴らしいのは早梅の咲く頃、その香りと可憐な姿が風情を覚えさせて巧みに詩を釣ることである）とあるのにちなんでいます。

龍陰堤（りゅういんてい）

蓬班の前の堤防に、二本の若松が生えて、健気《けなげ》に枝葉を拡げています。これを「龍陰堤」といいます。

〈名の由来〉蘇軾の詩（「種松得徠字」）に、「坐待双龍蛇、清陰満南階」（坐して待つ、二匹の龍蛇《りゅうじゃ》のような若松が、やがて清らかな木陰を南の階段に満たすのを）とあるのにちなんでいます。

団香爐（だんこうろ）

蓬班の北側に、屋根も入口も庭石も丸い形をした茅葺きの草庵があります。団茶《だんちゃ》を楽しむ茶室で、「団香爐」といいます。

〈名の由来〉北宋の詩人・梅堯臣《ばいぎょうしん》の詩（「依韻和杜相公謝蔡君謨寄茶」）に、「団香已入中都府」（団茶の香りはすでに都の役所に届いている）とあるのにちなんでいます。

ここを通り過ぎれば、道がくねくねとうねり曲がっており、しばらく北上した後、右折して東へ向かい、再び右折して南へ向かいます。その先は庭園の中央東

団茶　茶の葉を蒸し、茶臼でついて団子状に固めたもの。削って使用する。中国唐代に始まり、日本へは奈良時代に伝来した。

エリアになります。

中央東エリア〈興慶墅〜随択府〉

興慶墅（こうけいしょ）

園内の別墅《べっしょ》（別宅）であり、建物の前には、赤・黄・紫など数種類の牡丹《ぼたん》が植えてあります。

〈名の由来〉唐の開元年間、宮殿の興慶池《こうけいち》の東に牡丹が植えてあったことにちなんでいます。

五柳門（ごりゅうもん）

興慶墅への入口にもうけられた屋根つきの門です。門の両側には五本の柳が植えてあり、門の上の扁額には「五柳門」と記されています。

〈名の由来〉陶淵明の「五柳先生伝」にちなんでいます。

至聖殿（しせいでん）

聖堂。後世に「鬼丸聖堂《おにまるせいどう》」と呼ばれる建物です。塀に囲まれ、内外二重の門が備わっています。

興慶池　唐の開元年間に都・長安の宮殿、興慶宮にあった池の名。興慶池の東北側に沈香亭という亭があり、その前に数種の牡丹が植えてあった。

五柳先生伝　陶淵明の自伝と見なされる文。居宅の傍らに五本の柳が植えてあり、書を読み酒を愛し、隠者のような生活を営むことが記されている。

声振門（せいしんもん）

聖堂の内門です。

〈名の由来〉『孟子』万章章句下に、「孔子之謂集大成也者、金声而玉振也」（孔子が徳を集大成したというのは、音楽の演奏でたとえるなら、まず鐘を鳴らして始め、最後に玉磬《ぎょっけい》を打ってしめくくるようなものだ」とあるのにちなんでいます。

玉磬は、玉でできた打楽器の一種。音楽の演奏で、鐘を鳴らして始めるというのは、鐘の音を合図にさまざまな楽器が一斉に合奏を始めるので、一糸《いっし》乱れぬ調和がとれるという意味であり、玉磬を打ってしめくくるというのは、磬の音を合図に一斉に演奏を止めることをいいます。

調和のとれた合奏を始めるのは、智の働きであり、調和を失うことなく演奏を終えるのは、聖の力であるとされます。徳を集大成するには、智と聖を兼ね備える必要があり、孔子はそれができたという意味です。

由道門（ゆうどうもん）

聖堂の外門です。聖堂の内・外門を通るときは、敬礼しなければなりません。

〈名の由来〉『論語』雍也《ようや》篇に、「誰能出不由戸、何莫由斯道也」（誰ひとり中から外へ出て行くのに、門を通らない者がいるだろうか。どうしてこの道〈道徳〉を避けて通ることができようか）とあるのにちなんでいます。

芸暉閣（うんきかく）

聖堂の後にもうけられた、漢籍の書庫です。
〈名の由来〉唐の伝奇集『杜陽雑編《とようざつへん》』に、「元載造芸暉堂於第。芸暉、香草名也。其香潔白如玉、入土不朽爛。舂之為屑、以塗其壁。故号曰芸暉」（元載《げんさい》は私邸に芸暉堂《うんきどう》という書斎をつくった。芸暉とは、香草の名である。その香は、玉のようにすがすがしく、土に埋もれても朽《く》ちない。これを臼《うす》でついて粉にし、壁に塗ったので、書斎の名を芸暉としたのだ）とあるのにちなんでいます。

元載は盛唐の宰相をつとめた人物。芸暉という香草を粉にして壁に塗ったのは、書籍に虫がつかないようにするためです。

唐の伝奇集　当時の珍しい話を集めた短篇小説集。伝奇とは、奇なるものを伝えるという意。『杜陽雑編』の編者は蘇鶚。杜陽は編者の出身地である。

古今和歌集真名序　『古今和歌集』に添えられた二篇の序文のうち、漢文（真名）で書かれた序文。執筆者は紀淑望。一方、仮名で書かれた序文は「仮名序」といい、執筆者は紀貫之である。

随択府（ずいたくふ）

聖堂のそばにもうけられた、和書の書庫です。
〈名の由来〉「古今和歌集真名序《こきんわかしゅうまなじょ》」に、「随民之欲、択士之才」（民衆が必要とするところにしたがい、すぐれた才能や見識をもつ人の和歌を選びとる）とあるのにちなんでいます。

聖堂を離れ、南に向かってしばらく歩を進めると、別の敷地に大きな楠木《くすのき》が枝を拡げて豊かな陰をつくっており、この大木に寄りかかるようにして、茅葺きの廛《ひさし》がもうけられています。これを「濃陰廛《のういんたん》」といいます。ここより先は庭園の東南エリアになります。

東南エリア（濃陰軒～蕃育園）

濃陰軒（のういんたん）

遊園の休憩用にもうけられた日除けの場所です。

〈名の由来〉唐の詩人・王轂《おうこく》の詩（「暑日題道辺樹」）に、「満地濃陰懶前去」（あたり一面の濃い木陰が、ここから出るのを億劫《おっくう》にさせる）とあるのにちなんでいます。

妙相堂（みょうそうどう）

濃陰軒からさらに南へ進むと、異なる敷地に入り、中に二つの堂がもうけられています。その一つに、観音像が安置されており、これを「妙相堂」といいます。

羅漢堂（らかんどう）

もう一つの堂には、中国製の羅漢像（石像）が安置されており、これを「羅漢堂」といいます。

雲捧楼（うんほうろう）

庭園の東南隅に聳《そび》え立つ高楼です。この楼閣からも、庭園の外の風景が眺められ、二階の壁には綱茂公の選んだ十一景が記されています。

〈名の由来〉北宋の詩人・楊蟠《ようはん》の詩（「甘露寺」）に、「雲捧楼台出天上」（雲が楼台を支え、天上に突き出させる）とあるのにちなんでいます。

〈雲捧楼から眺める園外十一景〉

●**王子瑞籬**（おうじずいり）
南東の園外に鎮座する王子権現《おうじごんげん》とその垣根に、霊光がただよう風景。

●**大樋抃農**（おおびべんのう）
南の大樋村《おおびむら》（大井樋村《おおいびむら》）の田畑で、農夫たちが手をたたいて舞い踊り、豊作を喜ぶ風景。

●**末次杳煙**（すえつぐようえん）
さらに南にある末次村《すえつぐむら》の屋根屋根に靄《もや》がたちこめている風景。

●**八田連松**（はったれんしょう）
南東の八田村《はったむら》の長い堤防に、松の木が雲のように連なっている風景。

●**南里舞鶴**（なんりぶかく）
東北の南里村《なんりむら》の果てしなく広がる田畑に、鶴が舞い降りる風景。

●**徳善霊森**（とくぜんれいしん）
遠く西に鎮座する徳善院《とくぜんいん》が深い靄に包まれて、いかにも霊験あらたかに見える風景。

●稲佐残月（いなさざんげつ）
西に聳える稲佐山《いなさやま》にかかった有明の月が、言葉に尽くせぬ風情をかもし出す風景。
●寺井晴滄（てらいせいそう）
東南の寺井津《てらいつ》が水天一碧《すいてんいっぺき》をなし、雲が晴れれば、果てしなく広がる水面が遠くからも見える風景。
●早津遠帆（はやつえんはん）
寺井津の近くにある早津江津《はやつえつ》の堤防に、木々が鬱蒼と茂っており、その向こうに多くの船が出入りするのが遠く見える風景。
●槖尾夕照（たくびせきしょう）
西に聳える槖尾山《たくびやま》に、夕陽が影を留める美しい景色。
●阿蘇朝暉（あそちょうき）
遠くの阿蘇山に、朝日が昇るときの壮観な景色。

以上が雲捧楼から眺める園外十一景であり、近景から次第に遠景へと移っています。

雲捧楼を下りれば、目の前に小径と小川があり、その東側に竹矢来《たけやらい》で囲われた場所があります。扁額には「蕃育《はんいく》」の二文字が記されています。

蕃育園（はんいくえん）

外国の珍しい動物を飼育する場所です。

〔名の由来〕『史記』の孔子世家《こうしせいか》に、「為司職吏、畜蕃息」（孔子が牧畜をつかさどる役人になると、家畜が繁殖した）とあるのにちなんでいます。

ここを通り過ぎて、再び北上すると、庭園の東エリアに入ります。

東エリア（窺牆亭～代璋弄）

窺牆亭（きしょうてい）

曲水を隔てて聖堂のすぐ近くに建てられた亭《ちん》（四阿《あずまや》）です。まるで聖堂の塀越しに中の様子を窺《うかが》おうとしているかのように見えることから、この名がつきました。

〔名の由来〕『論語』子張《しちょう》篇に、「子貢曰、譬諸宮牆也、賜之牆也及肩、窺見室家之好、夫子之牆也数仞、不得其門而入者、不見宗廟之美百官之富、得其門者或寡矣」（子貢〔孔子の門人〕が言った。「宮殿の塀にたとえるなら、わたしの塀の高さはやっと肩に届くぐらいなので、外からでも建物の中の小ぎれいな様子が窺《のぞ》けますが、先生〔孔子〕の塀の高さは何丈とあるので、その門を見つけて中に入らないかぎり、御霊屋《みたまや》の美しさや文武百官が大勢いる盛んなありさまを見ることはできないのです。しかし、その門を見つけられる人は少ないようです」〉とあるのにちなんでいます。

玉鈎観（ぎょくこうかん）

屋根つきの物見台です。回廊で窺牆亭とつながっています。

〈名の由来〉盧仝《ろどう》の詩（「新月」）に、「仙宮雲箔捲、露出玉簾鈎」（仙人の住む宮殿〈月の宮殿〉では、雲の御簾《みす》が捲き上げられ、簾《すだれ》をとめる玉製の鈎《かぎ》〈三日月〉が姿を現す）とあるのにちなんでいます。

抱明榭（ほうめいしゃ）

壁と屋根がない月見台です。玉鈎観の西の戸口につながっています。

〈名の由来〉蘇軾の「前赤壁賦」に、「抱明月而長終」（明月を抱いて永遠に生き続ける）とあるのにちなんでいます。

鐘楼（しょうろう）

窺牆亭の敷地の奥、樹木の深く茂ったところにもうけられた鐘楼です。鐘には綱茂公による銘《めい》と序が記されています。

〈綱茂公による銘並びに序〉（原漢文）

宇宙の造化、万物の動静は、ただ鐘の響きの中にある。春が来て花が馨《かお》れ

銘　金石・器物などに事物の来歴や人の功績等を記したもの。

山寺暮天の和歌　「山里の春の夕暮きてみれば入相の鐘に花ぞ散りける」（能因法師「山里にまかりてよみ侍りける」）。

張説の春陵静夜　「夜臥聞夜鐘、夜静山更響。霜風吹寒月、窣窱虚中上。前声既春容、後声復晃盪。聴之如可見、尋之定無像。信知本際空、徒掛生滅想」（唐・張説「山夜聞鐘」）。

鄭公　後漢の学者、鄭玄。「鄭公が徳を抱く」（鄭公抱徳）とは、鄭玄が儒学経典の一連の註釈を行う中で、礼楽の楽器の一つとされる鐘についても詳しい説明を残したことをいう。

皋氏　中国の周の時代の鐘を造る職人。

ば、能因《のういん》法師の山寺暮天《さんじぼてん》の和歌を思い、秋の冷やかな月夜には、張説《ちょうえつ》の春《しょう》陵静夜《りょうせいや》の興趣をもとめて、この近くの茶店をたずね、朝と晩を告げる鐘の音が、人の手を借りず、自然の力（霜風《しもかぜ》）によって鳴るのを聴く。すなわちこの鐘は、私がまごころを養い、この園に遊ぶ人々を慰めるために鋳《い》たものである。銘を次のように記す。

　鄭公が徳を抱き
　皋氏《ふし》が形（鐘）をつくった
　この園が千年万年と続き
　とこしえに鐘の音が響くことを願う
　元禄十五年（一七〇二）冬　　致徳斎（綱茂公の号）

風簫檐（ふうしょうえん）

窺牆亭の北側にある竹林が、風を含んでサヤサヤと揺れ動きながら、まるで楽器を奏でるような美しい音を立てています。竹林の傍らに檐《ひさし》がもうけられており、これを「風簫檐」といいます。

〔名の由来〕南宋の詩人・楊万里《ようばんり》の「清虚子此君軒賦」に、「有風動竹、聞簫瑟檀欒之声、欣然忘味、三月不肉」（風に揺れ動く竹に、簫《しょう》や瑟《しつ》を奏でるような美しい音色を聴き出し、喜んで食べ物の味も忘れ、三カ月も肉の味がわからなかった）とあるのにちなんでいます。

愛棲軒（あいせいけん）

風籟檐の傍らにあり、日本の鳥を棲《す》まわせている鳥小屋です。扁額には「愛棲」の二文字が記されています。

〔名の由来〕唐の詩人・劉長卿《りゅうちょうけい》の詩（「小鳥篇　上裴尹」）に、「主人庭中蔭喬木、愛此清陰欲棲宿」（主人の庭には喬木が鬱蒼と茂っており、小鳥はその清らかな木陰を愛して巣を懸ける）とあるのにちなんでいます。

和鳴軒（わめいけん）

風籟檐のもう片方にもうけられた別の鳥小屋です。中国の家屋に似せてつくってあり、外国の鳥を棲まわせています。扁額も「和鳴」の二文字が記された中国製のものです。

〔名の由来〕唐の詩人・劉斌《りゅうひん》の詩（「送劉散員、同賦陳思王詩、得好鳥鳴高枝」）に、「春林已自好、時鳥復和鳴」（春の林はすでに好い季節を迎え、時を知る鳥は再び鳴き交わす）とあるのにちなんでいます。

代璋弄（だいしょうろう）

鳥小屋の傍らに、一つの亭があり、中に外国製のはじき玉の玩具が置かれています。これは綱茂公が幼い姫君に遊ばせるために用意したものであり、この亭を「代璋弄」といいます。

〈名の由来〉『詩経』小雅の「斯干《しかん》」篇に、「乃生男子、載寝之牀、載衣之裳、載弄之璋」（もし男の子が生まれたら、寝台に寝かせ、きれいな衣を着せ、璋《たま》を手に弄《あそ》ばせる）とありますが、綱茂公には男子がいなかったため、姫君に璋の代わりにこの玩具で遊ばせるという意味でつけた名です。

以上が園内の様子です。次章では、観頤荘に現れた大名庭園の特徴について見ましょう。

第二章

観頤荘に見る大名庭園の特徴

池泉回遊式 ——歩く庭

日本庭園の基本様式は、池泉庭園《ちせんていえん》（池庭）、枯山水《かれさんすい》、露地《ろじ》の三種類に大別されます。文字どおり、池泉庭園は大きな池泉（池）をともなう庭園形式であり、枯山水は池や流水を用いずに石と砂で山水の風景を表現する庭園形式、そして露地は茶室に配してつくられる庭のことで、茶庭《ちゃてい》ともいいます。

池泉庭園は、またその観賞形式によって、舟遊式《しゅうゆうしき》・座観式《ざかんしき》・回遊式《かいゆうしき》に分かれます。

舟遊式とは、園内にもうけられた大きな池や川に、舟を浮かべ、舟遊びをしながら景観を楽しむように構成された庭園を指します。平安時代の寝殿造庭園《しんでんづくりていえん》がその典型です。

座観式は、庭園に直接足を入れず、屋内から縁側の向こうに広がる池とその周囲の景観を眺めて楽しむように構成された庭園です。桃山時代以降、寺院や武家

露地　「三界の火宅を出で露地に坐す」の仏語に由来する呼称。

屋敷において盛んに築造された書院造庭園《しょいんづくりていえん》がその典型です。なお、池泉庭園ではないですが、鎌倉時代に発達した枯山水も、観賞形式からすれば、座観式庭園です。

これらに対して、回遊式は、園内を実際に歩き回りながら空間の展開を楽しむように構成された庭園です。観賞者が園内を回遊することを前提としているので、ある程度の面積と内容が必要であり、園内の景観をくまなく効率よく観賞できるように、あらかじめ順路が定められています。観賞者はその順路に沿って園内を一周しながら、地形に応じてくり広げられるさまざまな景観を観賞することができます。その典型が江戸時代の大名庭園です。

佐賀城下にあった観頤荘も、この池泉回遊式庭園です。第一章で見たように、庭園の中には大きな池があり、遊園者はまず北エリアで屋敷とその前に広がる大池泉、池に臨んで切り立つ岩山とその上から流れ落ちる滝、岩山のふもとのなぎさに生えた松の老木、池を挟んで岩山の向かい側に横たわる築山を観賞した後、南へ歩を進め、西エリアに移ります。

その後、西エリア→西南エリア→南エリア→中央西エリア→中央東エリア→東南エリア→東エリアと順々に回っていきますが、この道順は作庭者があらかじめ綿密に計算して張りめぐらしたものであり、園内の各景観も、この順路に沿って回ったときに、もっとも美しく、そして効率よく観賞できるように配置されていたと考えられます。

複数の庭園の結合体——庭の中に庭

池泉回遊式庭園の特徴でもありますが、観頤荘は実に多くの庭園の結合体でした。「庭園」と聞くと、われわれはすぐに池・築山・滝・石組など大がかりで立派なものを想像しがちですが、実は観賞または逍遥《しょうよう》（散歩）の目的で、屋外に計画的かつ人工的に整えられた場所であれば、いずれも庭園といえます。

そういう意味で、観頤荘内の各景観は、その一つ一つが小さな庭園を成しており、これらの小さな庭園が複数結合して一つの敷地を成し、複数の敷地が結合して一つのエリアを成し、複数のエリアが結合して一つの大きな庭園——観頤荘——を形づくっています。言い換えれば、一つの大庭園の中にいくつもの中型庭園があり、それぞれの中型庭園はまたいくつかの小庭園によって構成され、それぞれの小庭園はさらに複数の小さな庭によって形成されているのです。

例えば、東エリアの窺牆亭《きしょうてい》（四阿《あずまや》）、玉鈎観《ぎょくこうかん》（物見台）、抱明榭《ほうめいしゃ》（月見台）は、三者が結合して一つの庭をつくっており、同じ敷地内の樹木の茂ったところにある鐘楼《しょうろう》も、それ自体が一つの庭を成していますが、これらを一つの敷地内に置くことで、そこには複合体の小庭園ができあがっています。

同様に、北側の敷地内の風簫檐《ふうしょうえん》（竹林の傍らにもうけられた檐《ひさし》）、愛棲軒《あいせいけん》（日本の鳥を棲まわせる小屋）、和鳴軒《わめいけん》（外国の鳥を棲まわせる小屋）も、三者が結合して一つの庭を形づくっており、隣の代章弄《だいしょうろう》と合わせて、複合体の小庭園を成しています。

この二つの敷地を合わせてできあがったのが東エリアの中型庭園であり、このような中型庭園がいくつも組み合わせられてできあがったのが、観頤荘という大庭園です。

一巻の絵巻――変化に富む庭

園内のすべての庭は、それぞれが異なる趣《おもむき》をもっており、順路に沿って歩を進めるにつれて、移り変わる景色を楽しむことができます。

例えば、まず北エリアで大池泉と岩山、勢いよく流れ落ちる滝によって演出される迫力ある景観を観賞した後、岩山を越えて西エリアに移ると、そこには赤い欄干《らんかん》をめぐらした可愛らしい屋敷（漣曳檻《れんえいかん》）と鯉《こい》がさざ波をゆらす小さな池があり、川に映った木々の影とサラサラと流れる水の音が耳目を楽しませてくれる楼閣（含清閣《がんせいかく》）があり、さらには水辺に生えてキラキラと輝く霊芝（玉生芝《ぎょくせいし》）、南国のソテツを植えた岡（鳳尾岡《ほうびこう》）があり、岡のふもとには枯れた葛《かずら》でつくったオブジェ（済旱木《さいかんぼく》）まで置かれています。スケールの大きさと迫力を訴える北エリアとはうって変わって、隣の西エリアはのどかで穏やかな雰囲気のただよう空間（庭園）となっています。

また例えば、中央東エリアに入ってすぐのところに、柳や牡丹を植えた別宅――藩主とその家族の私的な空間――があるかと思えば、その奥には厳《おごそ》かな雰囲気をかもし出す聖堂――儒教の祭礼施設――があり、聖堂を通り過ぎると、日除けの廂《ひさし》（濃陰亶《のういんたん》）に続いて、観音像と羅漢像を安置した妙相堂《みょうそうどう》と羅漢堂《らかんどう》が現れます。なお、東南隅には眺望用の楼台（雲捧楼《うんぽうろう》）と動物園（蕃育園《はんいくえん》）があり、続いて東エリアに入ると、四阿（窺牆亭）、物見台（玉鈎観）、月見台（抱明榭）とともに鐘楼があり、さらに北に進むと、今度は竹林の傍らにたたずむ廂（風簫檐）と鳥小屋（愛棲軒・和鳴軒）、そして子どもの遊び場（代璋弄）まで登場します。

このように、一つの敷地から隣の敷地に移るごとに、予想もしなかった風景が突然現れ、遊園者を驚かせ、また喜ばせてくれます。もし座敷から眺める書院造庭園や枯山水を一枚の山水画または水墨画にたとえるとすれば、観頤荘は一巻の絵巻のような庭です。絵巻を繙《ひもと》いていくにつれて、次々と新しい景色が現れ、目と心を楽しませてくれます。

随所にちりばめられた遊び心――野趣と雅趣の融合

観頤荘は、園内の至るところに綱茂公の遊び心がちりばめられています。

まず、団香廬《だんこうろ》。中央西エリアにもうけられた茶室です。屋根も入口も庭石も丸い形をしており、まるでおとぎの国の家のようです。第一章で見たように、この茶室は団茶を楽しむ場所であり、建物はその形に合わせてすべてが丸くつくられています。

次に、済旱木《さいかんぼく》。西エリアの鳳尾岡のふもとの水辺に置かれたオブジェです。龍は天に昇り、雨を降らすと考えられていたので、中国では古来、雨乞いのために木彫りの龍を飾る風習がありました。済旱木も発想は同じですが、どこにでもある枯葛《かれかずら》を使って簡単に形づくり、それを龍に見立てているのが逆に面白いです。

また、これと同工異曲のものが真意楼《しんいろう》上の五珍《ごちん》。扁額《へんがく》の代わりに、壁や柱に飾られた朽木《くちき》と枯葛のことです。牛と龍の形をした朽木がそれぞれ民衆に仁政を施すべきことと物事の変化を教えてくれるもの、蛇と波の形をした枯葛がそれぞれ物事の首尾一貫すべき道理と物事の本末を見極めるべき道理を教えてくれるもの、そして中の空洞になった朽木が壺中《こちゅう》の天の仙境に見立てられています。

手の込んだ彫刻や掛け軸、扁額の代わりに、あえて自然界の朽木や枯葛を飾り、それらに奥深い意味をもたせているところに、一種の野趣と雅趣の融合ともいうべきものが見出せましょう。

最後にもう一つ、代璋弄という建物が、東エリアの北端、順路の終着点にありますが、これは綱茂公が愛娘のためにつくった遊び場です。子の無かった綱茂公は、富本竹徳《とみもとちくとく》（梅坡）という人物を京都に遣わし、代理で伊勢神宮に願かけの月《つき》詣《もうで》をさせ、その甲斐あってか、元禄十二年（一六九九）、観頤荘の造営が始まった翌年に、姫君が生まれました（中山成一「富本梅坡と和歌伝授」）。このように

月詣　毎月寺社に参詣すること。

苦労して生まれた姫君だからこそ、この姫君に対する綱茂公の愛情はなみたいていのものではなかったのです。

中国最古の詩集『詩経』の小雅「斯干《しかん》」篇には、「もし男の子が生まれたら、寝台に寝かせ、きれいな衣を着せ、璋《たま》を手に弄《あそ》ばせる」とあり、続いて「もし女の子が生まれたら、地に寝かせ、襁褓《むつき》でくるみ、瓦を手に弄ばせる」とあります。綱茂公は『詩経』のこの言葉をふまえつつも、姫君に「瓦」を弄ばせるのではなく、「璋」の代わりに外国製のはじき玉を弄ばせるために、園内にこの建物をつくったのです。そして、『観頤荘記』に次のように記しています。

『詩経』に、「男の子が生まれたら、璋を手に弄ばせる」とあるではないか。これはその徳をなぞらえるものである。私には小さな娘がいる。（女の子だからといって）徳教の道を隔ててはいけない。璋の代わりにこれ（はじき玉の玩具）を与えて遊ばせる。徳と寿命とは天がのばすものである。このことを考えないわけにはいかない。

（原漢文）

女の子にも男の子と同じく道徳による教育を施すべきであり、女の子だからといって粗略に扱ってはいけないという、綱茂公のこのような考えは、当時においてはかなり先進的なものであったといわなければなりません。

このように、観頤荘はいたるところに藩主綱茂公の粋《いき》な遊び心がちりばめられていますが、それらはけっして単なる遊びではなく、一つ一つに儒学的意味が付与されていたことがわかります。

すぐれた眺望——国見とお国自慢の庭

観頤荘には眺望のための建物がいくつももうけられています。例えば、西南隅にたたずむ漱玉窩、南端に位置する真意楼、東南隅の雲捧楼などをあげることができます。

高い建物といえば、城の天守閣ぐらいしかなかった当時、これらの建物からは、園外の風景がよく見えたはずです。特に庭園の西側と南側には、果てしなく田畑が広がっていたので、視野を遮るものはほとんど何もなかったと考えられます。綱茂公はこれらの建物から眺められる風景を「八景」「十五景」「十一景」にまとめています。

眺望は日本庭園の重要な構成要素の一つであり、眺望を通して園外の風景を取り込むのは江戸時代以前からよく使われた造園手法ですが、江戸時代の大名庭園に至って、新たな意味合いが顕在化するようになったと、尼崎博正氏は指摘しています。それは「国見の思想」です（「大名庭園の空間把握」）。

たしかに、観頤荘においても、眺望は庭園を楽しむ行為であると同時に、また国見の性質をも多分に帯びていました。それは、綱茂公の選んだ眺望が、単なる自然風景だけでなく、田畑で農作業にいそしむ農夫の姿、荷物や人をのせた小舟が出入りする渡船場の風景、商人たちでにぎわう市場の風景、貨物を積んだ大型船が出入りする湊《みなと》の風景、茅葺き屋根の民家が密集する周囲の村々の風景まで多く取り込んでいることにもよく表れています。

ただ筆者は、これに止まらず、観頤荘もそうですが、江戸時代の大名庭園における眺望は、お国自慢の要素をも内包していたと考えます。これまで見てきたように、大名庭園は「見せる」こと、「楽しませる」ことを意識してつくられています。庭園全体を変化に富んだ構成にしているのも、遊園者を飽きさせないためです。眺望はその仕掛けの一つであると同時に、またお国自慢の手段でもあったと考えられるのです。遊園者は楼台に上り、見晴らしのよい眺望を通して、その国の土地の広さと山河の美しさを実感するとともに、活気あふれる湊や市場、渡船場、また穀物がよく実った田畑を眺めて、藩主の治世を称えたことでしょう。

聖堂と馬場――文武両道の庭

観頤荘の園内には聖堂があり、また馬場もつくられていました。聖堂はもともと城内にあったのですが、元禄十三年（一七〇〇）に観頤荘に移されました。『観頤荘記』は次のように記しています。

門と垣根で囲い、至聖殿《しせいでん》を建造した。もともとは城内の庭に造営して、二月上旬と八月上旬の丁《ひのと》の日に釈菜《せきさい》を行い、懇《ねんご》ろに蘋《うきくさ》と蘩《しろよもぎ》を供え物として捧げていたが、城内の敷地が狭いため、聖殿をここに移した。（原漢文）

聖堂は孔子やその他の賢者を祀《まつ》った祠堂《しどう》のことで、聖廟《せいびょう》ともいい、古来、学問所の象徴とされました。建築には一定の決まりがあり、正殿の中央に孔子の塑像《そぞう》を安置し、その左右に孔子の門人またはその他の賢者の塑像を安置します。そして、陰暦の二月と八月の上旬の丁の日に、釈奠《せきてん》または釈菜《せきさい》を行います。儒教では重要な儀式とされます。

これらの儀式は、日本にも伝わり、幕府の学問所や藩校などで行われました。佐賀藩は元禄四年にはすでに城内に聖堂を建てており、これは全国でもきわめて早い例です。

実は前年の元禄三年に、大財村（現佐賀市大財町）に私塾を開いていた武富廉斎《たけどみれんさい》が、同地に聖堂を建てたい旨を、当時の藩主・光茂《みつしげ》公に願い出ており、光茂公から幕府に伺いをたてたところ、幕府は上野《うえの》忍ケ岡《しのぶがおか》にあった林家の先聖殿《せんせいでん》（聖堂）を湯島《ゆしま》に新築移転し、大成殿《たいせいでん》（湯島聖堂の前身）と改称して幕府の学問所とした後、翌年に佐賀の聖堂建造を許可します。

これを受けて、佐賀藩もすぐ城内に聖堂を建て、その後、廉斎に許可を出しました。廉斎の大財聖堂《おおたからせいどう》は元禄七年に落成します。そして宝永五年（一七〇八）

釈奠　古代中国で聖師（聖なる師）として崇められる孔子とその門人をまつる祭典。春と秋に一回ずつ行われ、牛や羊の生贄が供えられた。「釈」も「奠」も供え物を置くという意味である。

釈菜　釈奠の略式。動物の生贄の代わりに野菜で代用するので、このように称する。

林家　林羅山より始まり、代々幕府の漢学をつかさどった家。

には、多久邑主・茂文《しげふみ》公が、現在も残る多久聖廟《たくせいびょう》を創建します。

さて、佐賀城内にあった聖堂は、観頤荘の中に移され、のちに鬼丸聖堂と称されますが、移転の記録を『綱茂公御年譜』で確認すると、元禄十三年十一月二十七日の条に、次のようにあります。

御本丸内聖堂〔御入部後、御造立〕、諸人詣拝難相叶ニ付、西屋敷内へ、聖像四配並御祭器・御書庫・御門額共引移サル〔今ノ鬼丸聖堂ナリ〕。枝吉忠左衛門・実松文四郎・濱野源六、聖像ヲ奉守罷越ス〔西屋敷ハ観頤荘也。公御記文別冊アリ〕

〔本丸の中の聖堂〔公が佐賀に来られてからご建造になったもの〕は、諸々の人が参拝できないので、西屋敷の中へ、聖像四体並びに祭器、書庫、門の扁額とともに移した〔今の鬼丸聖堂である〕。枝吉忠左衛門・実松文四郎・濱野源六が、聖像を護《まも》って移動した〔西屋敷は観頤荘のことである。公の書いた記が別にある〕〕

本丸の中にあった聖堂は、さまざまな人が参拝できないので、観頤荘の中に移したとあります。つまり聖堂の参拝を、より多くの人に開放したということができます。ちなみに、「公御記文別冊アリ」と記しているのは、『観頤荘記』のことを指すのでしょう。

なお、第一章で見たように、真意楼上の十五景には「沙場講馬《さじょうこうば》」が含まれており、観頤荘内には馬場も備えられていたことがわかります。

観頤荘はまさに文武両道の庭であり、それはまぎれもなく大名庭園の一つの大きな特徴であったといえます。

孔子も観音も羅漢も八仙も——儒仏道三教の庭

観頤荘の中には、聖堂のほかに、観音像を安置した妙相堂、羅漢像を収めた羅漢堂、八仙を祀った八仙堂もありました。

まず、妙相堂と羅漢堂をもうけたことについて、『観頤荘記』は次のように記しています。

異端を崇拝するのではない。民衆の世俗的な信仰に委《ゆだ》ねたものである。『書経』（泰誓上篇《たいせいじょう》）には、「天は民をあわれむ。民が望むことは、天が必ずこれに従う」とある。これにもとづいて考えれば、民衆の信仰に合わせて仏像を安置するのも、また勧善懲悪《かんぜんちょうあく》の道であるのだ。（原漢文）

儒学の教えにしたがえば、仏教は異端であり、排斥すべきものです。儒学者である綱茂公は、当然そのことを誰よりもよく知っていたはずです。しかしそれにもかかわらず、観音像と羅漢像を園内に安置したのは、民衆の世俗的な信仰に委ねたものであり、民衆が信じるものを尊重するのは、天の道であり、勧善懲悪の道であると述べています。

ここに、儒教の教条主義よりも、民衆の信仰に理解を示す綱茂公の寛容な態度が示されています。

続いて、八仙堂についてですが、これはいうまでもなく道教の施設です。「八仙」とは、一般的に中国の漢鍾離《かんしょうり》・張果老《ちょうかろう》・呂洞賓《りょどうひん》・李鉄拐《りてつかい》・韓湘子《かんしょうし》・曹国《そうこく》舅《きゅう》・藍采和《らんさいか》・何仙姑《かせんこ》の八人の仙人を指しますが、このうち何仙姑、張果老、曹国舅は、別の仙人と入れ替わることもあります。

『観頤荘記』の「八仙堂」の説明にも、「八仙の像を安置しており、南極老人《なんきょくろうじん》を本尊とする」とあるので、南極老人を含めて八人の仙人が祀られていたと考えられます。つまり一般的にいう八仙からは一人が欠けていたはずです。

実は、綱茂公には親筆の「八仙人図」（図1）があり、この絵には鶴に乗った南極老人と七人の仙人が描かれていますが、それぞれのシンボルマークから、欠けている一仙は張果老であると判断されます。老人の張果老を南極老人と入れ替えたのでしょう。観頤荘に祀られた八仙もこれと同様であったと推測されます。

このように観頤荘には孔子も観音も羅漢も八仙も祀られ、まさに儒・仏・道の三教が一庭に会したのですが、それはある意味、中国から伝来した「三教一致」

思想の影響が、すでにこの庭に現れていたと見ることもできるでしょう。

以上、観頤荘に見える大名庭園の特徴をいくつか取り上げましたが、実はまさにこれらの特徴ゆえに、大名庭園は近代以降、長い間、不当な扱いを受けていました。枯山水のような研ぎ澄まされた芸術性と緊張感に欠け、遊戯的趣味に堕し

図1　鍋島綱茂公筆「八仙人図」（公益財団法人鍋島報效会蔵）

た殿様芸であるとして批判されたのです。

しかし、これはいうまでもなく近代的価値観に支配された美意識であり、大名庭園の本質と意匠を無視した的はずれな評価であるといわざるを得ません。そもそも大名庭園は、枯山水のように決まった一点から動かず凝視することを前提としたものではなく、回遊しながら五感を総動員して楽しむことを前提としてつくられています。

順路に沿って歩きながら、園内外の近景・遠景をさまざまな角度から眺め（視覚）、鳥の鳴き声や水の音に耳を澄ませ（聴覚）、暖かい木漏れ日や柔らかいそよ風を肌で感じ（触角）、草花のよい香りを鼻でかぎ（嗅覚）、茶屋に立ち寄って美味しい料理と茶を味わう（味覚）、そのような楽しみ方を前提として、大名庭園は構成されています。

そうした意味で、観頤荘は典型的な大名庭園です。大名庭園の特徴というべきものを、観頤荘はほぼすべて備えているのです。

なお、ほとんどの大名庭園がそうであったように、園内には、池、山、滝、川、橋、大小さまざまな建物、茶室、茶屋、月見台、鳥小屋、動物園など、ありとあらゆるものが取り揃えられており、庭園芸術の集大成、近代公園の前身であったといえます。

大名庭園は江戸時代という特定の歴史背景の中で誕生・発達したものです。そこには当時の支配層が夢見た理想郷が縮写されており、また彼らの美意識・価値基準・哲学・思想・文化が濃縮されています。われわれはけっして近代的な価値観のみにとらわれてその良し悪しを論評すべきではなく、当時の歴史背景の中でその存在意義を考え、貴重な文化遺産として客観的に、虚心坦懐《きょしんたんかい》に大名庭園と向き合うべきです。

第三章

観頤荘造営の背景と実際の利用

江戸の庭園ブーム

江戸にはかつて大小さまざまな庭園が千近くあったといわれますが、その大部分は「明暦の大火」以降に造営されたものです。明暦三年（一六五七）正月に発生したこの火事は、江戸市街の大半を焼き尽くし、江戸史上もっとも深刻な被害を与えた火災とされます。この大火をきっかけに、江戸では大規模な都市改造が行われ、さまざまな防火対策が講じられるようになります。

まず、それまで江戸城内にあった御三家の上屋敷《かみやしき》が、城外へ移され、跡地は延焼防止地帯としてそのまま空けられ、ここに庭園が造営されます。現在の吹上御《ふきあげぎょ》苑《えん》の前身にあたる「吹上庭園《ふきあげていえん》」です。

なお、江戸城周辺に密集していた武家屋敷も、新たに造成された小石川・小日向・牛込・赤坂・木挽町などの築地や、本所、深川などに移転させられます。建物を分散させ、広小路《ひろこうじ》、火除地《ひよけち》などをもうけて、火災時の類焼を食い止めるため

上屋敷　本邸。藩主と妻子が平常居住する屋敷。登城・勤番に便利なように江戸城の近くに置かれた。

火除地　火事の延焼を防ぐため、また避難所としてもうけた空き地。

下屋敷　別邸。江戸の中心部から離れたところに、本邸が被災した際の避難所としてつくられた屋敷。

抱屋敷　別邸。下屋敷の場合、敷地は幕府から下賜されたが、抱屋敷は百姓から買い取った土地につくった屋敷。

図2　小城藩二代藩主・鍋島直能公肖像（玉毫寺蔵，小城市立歴史資料館寄託）

です。

また、万治元年（一六五八）以降、幕府は諸大名の被災時の避難所として麻布・白金・品川などに広大な下屋敷《しもやしき》を下賜し、下賜されない大名も農地を購入して抱《かかえ》屋敷《やしき》を構え、避難所を確保するように命じられます。

こうして築地または郊外に広い屋敷を構えるようになった大名たちは、やがてその風光明媚な景色を利用して、こぞって庭園を造営していきます。江戸における庭園ブームの始まりです。

ブームの余波は、さらに諸藩の国許に及び、各地の城下町にも次々と広大な大名庭園が生まれます。観頤荘もそのような流れの中で誕生したものであり、いわば時代の象徴でした。

支藩の造園

観頤荘の誕生を促した要素として、支藩の影響も看過できません。佐賀藩は本藩の下に三支藩（小城藩・蓮池藩・鹿島藩）があり、支藩も本藩と同じく参勤交代を行ったので、江戸に藩邸を構えており、やはり右記のような時代の流れに巻き込まれていきます。

まず寛文三年（一六六三）秋に、小城藩二代藩主・鍋島直能《なおよし》公（一六二二〜八九、図2）は、火災時の避難所を確保するため、品川に総面積六千三百二十坪

図３　小城公園（写真提供＝小城市商工観光課）

（約二万平方メートル）の抱屋敷を構え、ここに「咸臨閣《かんりんかく》」という書院造庭園を造営します（拙稿「小城藩主・鍋島直能と江戸の林家一門——咸臨閣を舞台とした交流——」）。

また寛文八年には、渋谷邑に約一万九千坪（約六万三千平方メートル）の土地を新たに購入し、薫山屋敷《かおるやまやしき》を造営します。ここには「薫山十五境」がもうけられており、関連の詩文から回遊式庭園であったと推測されますが、詳細な記録は残っていません。

なお、これとは別に、直能公は父元茂《もとしげ》公（一六〇二〜五四、小城藩初代藩主）の遺志を受け継いで、国許小城の鯖岡《さばおか》に数百本の桜を植えさせ、茶屋を建て、庭園を造営します。岡の名も「桜岡《さくらおか》」に改められ、「桜岡二十景」「桜岡十境」がもうけられます。現在の小城公園の前身です。さらに、隠居後の天和四年（一六八四）には桜岡のふもとに「自楽園《じらくえん》」という庭園を営んでおり、これも現在、小城公園の一部になっています（図３）。

一方、鹿島藩四代藩主・鍋島直條《なおえだ》公（一六五五〜一七〇五）は、延宝三年（一六七五）に江戸の青山屋敷に「楓園《ふうえん》」という庭園を造営し、「楓園八景」「楓園十八景」「楓園二十境」をもうけます。また、国許の鹿島には先祖の代より伝わる「楽思園《らくしえん》」があり、直條公はこれを整備して「楽思園八景」をもうけます（拙稿「来日明人任元衡より鹿島藩主鍋島直條に贈られた填詞作品」）。

蓮池藩が庭園をつくったかどうかは定かでないですが、少なくとも小城藩と鹿島藩が江戸と国許の両方に庭園を造営したことは、本藩に大きな刺激を与えたと考えられます。特に綱茂公の場合、支藩は本藩の家来であるという意識が強かったので、本藩は支藩よりも立派な庭園をつくらなければならないという思いがあったのでしょう。

観頤荘の造営

城下絵図の変化

観頤荘が造営される前の承応三年（一六五四）の「佐賀《さが》城廻《じょうまわり》之《の》絵図《えず》」（図4）を見れば、城下の西南地区は、屋敷地が整然と並んでいます。ほとんどが支藩の藩士及びその他の家臣の屋敷です。

一方、元文五年（一七四〇）の絵図（図5）を見れば、同地区は地割り・屋敷割りが一変して、中央に大きな池と曲がりくねった川ができており、広大な聖堂の敷地がもうけられているほか、屋敷地・道路・水路はいずれも変形しています。明らかにここにかつて庭園が存在したことがわかります（鍋島報效会・徴古館展示会図録『御城下絵図を読み解く』）。

元文五年の絵図は、観頤荘が解体されてから三十三年後に制作されており、地割りが観頤荘時代と必ず一致するとは限りませんが、『観頤荘記』の内容とつき合わせて見るかぎり、さほど大きくは変わっていないようです。特に観頤荘の西

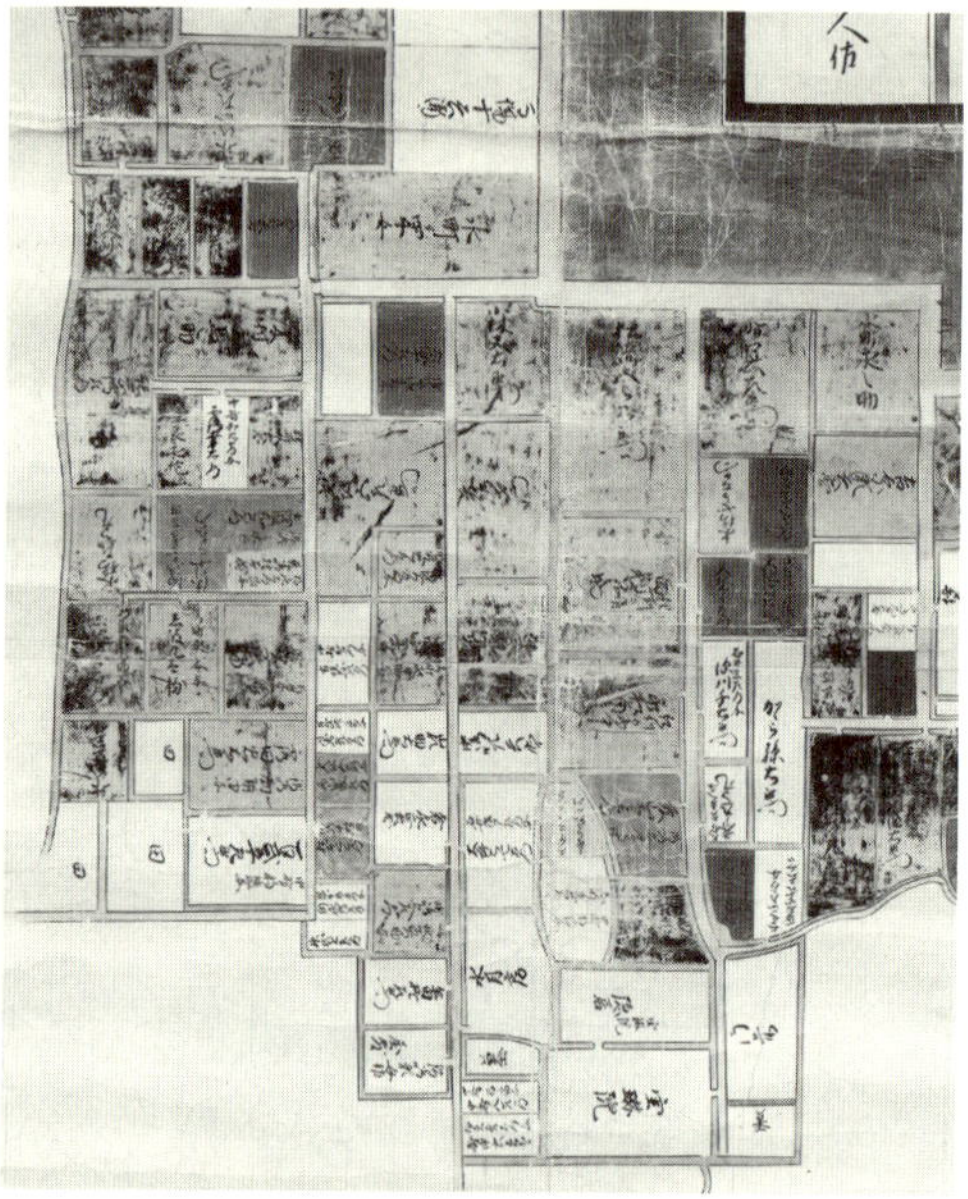

図4　承応3年（1654）佐賀城廻之絵図
（公益財団法人鍋島報效会蔵）

図5　元文5年（1740）佐賀城廻之絵図（同）

南側と園内を走る一部の水路と道路は、今なお当時の姿を確認することができます。

そこで、『観頤荘記』の記述にしたがい、園内の各景観を元文五年の地図に落とし込んでみました。それが口絵5です。さらに現代地図に落とし込んだのが口絵6です。口絵6を見れば、園内の各景観が現在のどのあたりに位置していたかが、大まかにわかります。

ところで、支藩の藩士やその他の家臣の屋敷地が整然と並んでいた同地に、綱茂公はどうして突然、庭園をつくることが可能だったのでしょうか。

延宝期（一六七三〜八一）に至るまで、本藩と支藩は仲が良く、支藩の藩士たちが多く佐賀城下に屋敷を構えていたことにもそれは反映されています。しかし延宝期に入ってから、三支藩の藩主たちは当時まだ世子《せいし》であった綱茂公の態度に不満を抱くようになります。

そして、藩主たちの不満は、やがて藩士たちをも巻き込み、本藩の直臣《じきしん》（直属の部下）と支藩の家臣を区別して扱うことに不満を抱いた支藩の藩士たちは、佐賀城下の屋敷を引き払い、次々と支藩の領地に移り住んでしまいます（『直能公御年譜』延宝八年八月記事）。

その結果、佐賀城下の西南地区には空き屋敷や空き地が多くでき、綱茂公はそれらを買い取って、同地に庭園を造営したと見られます。

観頤荘成る

綱茂公が観頤荘の造営を始めたのは元禄十一年（一六九八）、四十七歳、藩主の座についた三年後です。『綱茂公御年譜』の同年記事には、日付なしで、「今年、西御屋敷御取立被仰出」（今年、西御屋敷《にしおやしき》をつくることを口に出された）と記されています。

この「西御屋敷」こそが観頤荘です。実はこの時、佐賀城の東側にも別荘があり、「東御屋敷《ひがしおやしき》」と呼ばれていました。東御屋敷は二代藩主・光茂《みつしげ》公が寛文二年

（一六六二）にもとあった「御東《おひがし》」の敷地に「向陽軒《こうようけん》」という建物を新たに建てて拡張したものであり、元禄八年に家督を綱茂公に譲った後、光茂公はここで余生を過ごしています。

御東とは、慶長十三年（一六〇八）に実施される佐賀城総普請《そうふしん》に先立ち、同十年に藩祖・直茂《なおしげ》公が城のすぐ東側につくった別宅であり、初代藩主・勝茂《かつしげ》公はその泉水に泳がせるための鯉二百匹の捕獲を家来に命じ、風通しの悪い本丸を避けて、一日の多くをここで過ごしたといいます（鍋島報效会・徴古館展示会図録『歴代藩主と佐賀城』）。

このようなことから、東御屋敷も大きな池をともなう書院造庭園であったと推測されますが、その面積と規模は、観頤荘の比ではなかったことでしょう。

さて、続けて『綱茂公御年譜』を繙《ひもと》いていくと、元禄十三年十一月二十六日の記事には、次のようにあります。

西御屋敷へ御船ヨリ御越。御本丸御普請ニ付御逗留、十二月二十一日、陸ヨリ御帰城。

附　御姫様方ニモ、同日西御屋敷へ陸ヨリ御越、十二月十三日、御船ヨリ御本丸御帰ナリ。

（西御屋敷へ船でお越しになった。本丸が改築中だったので西御屋敷にご滞在になり、十二月二十一日に陸路でお城へ帰られた。

附記　姫様方も、同日西御屋敷へ陸路でお越しになり、十二月十三日に船で本丸へ帰られた）

観頤荘の造営が始まってから二年後の記事ですが、城との間を船で移動しているのを見れば、この時すでに池と川はできあがっていたと考えられます。そして、これらを掘った土で造成したはずの築山や堤防も、ある程度完成していたことでしょう。

この翌日には、聖堂も城内から庭園の中へ移転されるので（本書第二章参照）、おそらく大がかりな土木工事はすでに終わり、景観の配置など細部の調整に入った段階であったと見られます。

なお、右の記事によれば、綱茂公はこの時、妻子をともなって五十日間も庭園に滞在しているので、その間の政務もここで行われたことでしょう。

ちなみに、ここに出てくる「御姫様」は、前年、富本竹徳を京都に遣わして、伊勢神宮に願かけの月詣をさせて得た姫君のことであり、第二章でも述べたように、園内の代璋弄はまさにこの姫君のためにつくられたものです。

『雨中の伽』の記事

観頤荘の造営に関する記事を、年譜以外の史料からも引いてみましょう。まずは、佐賀の歴代藩主の文武の嗜みなどを記した『雨中の伽《うちゆうとぎ》』（文化九年［一八一二］）の記事からです。

綱茂公学問を好せ給ひ、詩をも能し、書画にも達し給ひぬ。将軍綱吉公の御前にて輪講など遊しと也。鬼丸中小路に西御屋敷と号し、御別業御草創有て、丸御茶屋、三角御茶屋、百姓茶屋など、其外色々の御茶屋敷数多ありとぞ。額などあるは多くは長崎官梅道栄書たりとぞ。泉水仮山の広大いふばかりなしとなむ。石は多く摂州兵庫なる粘右衛門〔今に本陣也〕に仰下されしとぞ。稲荷を厚く御信仰に依て、江戸烏森稲荷社を御勧請ありし也〔吉茂公御代に都て御解除に相成り、稲荷社は枳馬場南光院ニ御移シ被成、石一通は片田江、水ヶ江等住居の人、拝領買ニても有けん、今多く屋敷々々ニ有り〕聖堂も共に爰に始て建給ひ、春秋の釈奠おこなわるゝ事も、此御時よりならむ。

（堤主禮著『雨中の伽』の「文学」の項）

冒頭に綱茂公が学問を好み、詩書画にすぐれ、将軍綱吉《つなよし》の前で輪講《りんこう》をつとめることもあったと記されていますが、これについては、観頤荘の各景観の命名がすべて綱茂公自身によって行われ、しかもそれらの名前に儒学と漢詩文の豊かな教養がふんだんに盛り込まれているのを見れば、自ずと首肯《しゆこう》できます。

続いて、綱茂公が鬼丸の中小路《なかしゆうじ》に庭園を造営したこと、及び園内にさまざまな茶屋があったことに言及していますが、「丸御茶屋」はおそらく中央西エリアの団香廬、「百姓茶屋」は南エリアの歇渉店のことでしょう。「三角御茶屋」は『観頤荘記』にそれらしき記述が見あたらないので断定はできませんが、残りのもう一つの茶屋、蓬班を指すのでしょうか。はたまた、『観頤荘記』が執筆された元禄十五年（一七〇二）以降に、新たに茶室がしつらえられたのでしょうか。

ただ、留意しなければならないのは、『雨中の伽』は観頤荘が解体されてから百年後に書かれたものであり、著者の堤範房《つつみのりふさ》（主禮）も藩内の一文化人にすぎなかったようですので、すべてのことを必ずしも正確に記録しているとは限らないということです。したがって、鵜呑みにすることはできません。

『雨中の伽』は続いて、「扁額などはあるいは多くが長崎の官梅道栄の書いたものであるそうだ」と記していますが、「官梅道栄」は長崎の唐通事で書にすぐれた林道栄《はやしどうえい》（一六四〇〜一七〇八）のことを指します。林道栄は元禄十二年に唐通事の上級職である風説定役《ふうせつさだめやく》に進み、同年それまで号として使用していた「官梅」を姓とします。

『綱茂公御年譜』元禄十三年十一月二十七日、城内から聖堂を観頤荘に移転した記事に、「由道門並声振門ノ額　長崎林道栄筆」とあるので、『雨中の伽』に記された「額」は、聖堂の外門と内門の上に掲げられていた扁額を指すことがわかります。

『雨中の伽』はまた続いて、池や築山は言葉で言い尽くせないほど広大であり、

唐通事　長崎奉行の配下に置かれ、中国人（清人）との貿易交渉にあたった通訳。多くの場合、中国からの渡来人の子孫が家業として世襲した。

風説定役　風説書（海外の貿易船によってもたらされ、幕府に提出させられた海外情報報告書）を作成し提出する役職。

本陣　大名・宮家・公卿・幕府役人など身分の高い旅行者のために、諸街道の宿場にもうけられた大旅館。

石は多くを摂州兵庫の粘右衛門《ねんえもん》に調達させたといいますが、「今に本陣也」（今でも本陣である）と割書きが附されているので、粘右衛門は代々旅館を経営していたことがわかります。「肥前屋粘右衛門」という商号で、兵庫津で旅館を経営しながら、伊万里の陶磁器の卸売り業なども営んでいます。

『雨中の伽』はさらに続いて、綱茂公の稲荷信仰が篤く、江戸の烏森稲荷社《からすのもりいなりしゃ》を勧請《かんじょう》したことを記し、その後に長い割書きを附していますが、吉茂公の時代にすべて解体されたというのは観頤荘のことであり、稲荷神社は枳馬場南光院《げすばばなんこういん》に移されたとあるので、もしこの記述をそのまま信じるとすれば、稲荷神社も観頤荘の中にあったということになります。

ただ、前述の「三角御茶屋」と同じく、『観頤荘記』に稲荷神社に関する言及はありません。なお、綱茂公が江戸の烏森稲荷社を勧請したのは元禄十四年とされていますが、年譜の同年の記事には見あたりません。ちなみに、この神社は現在鳩森稲荷《はとのもりいなり》神社として佐賀市八幡小路に鎮座しています。

さて、気になるのは割書きの続きの部分です。兵庫の肥前屋粘右衛門によって調達され、観頤荘内に配置されていた石は、片田江や水ヶ江などに住む人たちが、拝領買いをしたのか、多くの屋敷にこれがあるといいます。一目でわかるほど、特殊な石だったのでしょうか。

そして最後は、聖堂についてもふれていますが、これは明らかに正確性に欠けます。聖堂も観頤荘内に初めて建立され、釈奠が行われたのもこの時からであろうと推測していますが、これまで見てきたように、聖堂は観頤荘のできる前からすでに城内に建てられており、釈菜も城内ですでに執り行われていました。

『葉隠巻首評註』の記事

観頤荘の造営に関する記事をもう一つあげましょう。『葉隠巻首評註』に記された内容です。やや長いので少しずつ区切って引用します。まず初めの部分を見ましょう。

> 西御屋敷は元水ヶ江城の西ノ館鬼丸にあり、鍋島（神代）彌平左衛門嵩就は清（鍋島直茂父）房公の玄孫にて政（龍造寺隆信嫡男）家公の外孫なり、此に別荘を有せり、光茂公寵愛の執行玄蕃宗全女於ふり初娠にて寛文八年誕生の吉姫は、嵩就の養女となし、六歳にて早世せられ、第十三娠にて貞享三年に宗茂公は、嵩就宅にて誕生ある、此西屋敷なるべし。〔嵩就隠居し一雲と号す〕

水ヶ江城は龍造寺氏が建てた戦国時代の城であり、その西の館が鬼丸にありましたが、神代《こうじろ》鍋島家四代当主・鍋島嵩就《たかなり》はここに別荘を有し、二代藩主光茂公が寵愛した側室於振《おふり》から生まれ、のちに第五代藩主となった宗茂《むねしげ》公は、ここで誕生したといいます。続きを見ましょう。

西御屋敷造営は、光茂公元禄八年隠居せられ、綱茂公の代となり、翌年綱茂公入部の後五月光茂公も帰国あり、東御屋敷に入せられ、翌々十一年より西御屋敷を造営あり、一雲の別荘を用ゐ観頤荘を建て、二丸より聖堂を引移し、年々に造り広め、東は宝琳院小路より西御堀に至り、北は本庄通り〔西御門通〕、西南は大井樋村本庄の界に接すまでを囲ひ込み、大船数十艘を以て摂州兵庫より木石を運輸し泉池仮山を築き、広荘比類なく、公子女の住居を連ねたり。

まず、元禄八年（一六九五）に光茂公が引退して、綱茂公が藩主となり、同十一年より観頤荘の造営が始まったことが記されていますが、これは先に見たように、年譜の記事とも一致します。

続いて、もともとそこにあった鍋島嵩就の別荘を利用して観頤荘をつくったこと、城内から聖堂を移したことに加え、観頤荘の敷地の範囲が記されており、筆者が本書のまえがきの中で提示した観頤荘の敷地の範囲も基本的にはこれにもとづいています。

そして、『雨中の伽』の記事と同じく、造園のための木や石を摂州兵庫から運搬してきたことが記されており、また広大な庭園の敷地には藩主とその家族の住宅が数多くつくられていたことが記されています。続きを見ましょう。

光茂公は十三年に御東に逝せられ、一雲は翌年死し、綱茂公は御東を解除き、西屋敷に時々逗留して政事を聴断せらる、ことありしに、宝永三年逝去の後八十九日を経て解除き、侍屋敷に賜はり、観頤荘は聖堂に附せらる。
(後略)

東御屋敷に隠居していた光茂公が元禄十三年に死去し、翌年に鍋島嵩就も死去すると、綱茂公は東御屋敷を解体し、時おり西御屋敷こと観頤荘にて政務を行うこともあったが、宝永三年(一七〇六)に綱茂公が死去すると、約三カ月後には観頤荘が解体されて、侍屋敷として下賜され、聖堂だけになったといいます。

『葉隠巻首評註』は、『雨中の伽』よりさらに時代が下って、明治期以後に成立したものですが、著者の久米《くめ》邦武《くにたけ》(一八三九~一九三一)は若いときに十代藩主直正《なおまさ》公の近侍と藩校弘道館《こうどうかん》の教諭をつとめ、維新後は帝国大学(東京大学前身)教授となって古文書学の基礎を築いた人物であり、その情報はある程度信頼できるものと見なされます。

観頤荘のテーマ

ところで、観頤荘のテーマは何でしょうか。つまり「観頤」とは何を表すのでしょうか。まず綱茂公が自ら『観頤荘記』の冒頭に綴った言葉から見ましょう。

周の文王《ぶんおう》の御苑《ぎょえん》は、四方《しほう》七十里（約二十八・四キロメートル）であったが、民はこれを狭いと見なした。一方、戦国時代の斉の宣王《せんおう》の御苑は、四方四十里（約十六・二キロメートル）であったが、民はこれを広いと見なした。それはいかなる理由によるものか。周の文王の御苑は民とともに楽しむものであったが、斉の宣王の御苑は自分だけが楽しむものであったからだ。

今、庭園をつくって、思いを述べる理由は、二者（周の文王と斉の宣王）の間をとるためではなく、才能に乏しい自らを省《かえり》み、苦心して物事の道理を悟り、ひたすら努力を重ねて徳を身につけるためである。

わたしは国を守り、士と民を教育するために、五典《ごてん》を称揚し、九経《きゅうけい》を正しく守り、そのことによって根本となる道徳規範を示さなければならない。しかし、わたしは文を学ぶのに明敏ではなく、事に臨んで頭脳が明晰でもない。ただ畏敬の念を保ち、格物致知《かくぶつちち》の教えを考え、礼を整え、仁を求めて、士と民を安定させたいと思うだけである。

したがって、すべては己を修めることに頼らなければならない。『論語』（憲問《けんもん》篇）には、「己を修めて民を安んずることは、堯《ぎょう》・舜《しゅん》のような聖天子でさえもこれに苦労されたのである」と書いてある。きわめてもっともな言葉であるのだ。なんと難しいことよ、己を修めて民を安んずる道は。（中略）

そこで、城の西側に別荘を構え、「観頤荘」と名づけた。『易経《えききょう》』にいうところの「観頤」の意味をとったのである。『伊川易伝《いせんえきでん》』には次のようにあ

五典　人がふみ行うべき五つの道。すなわち父の義、母の慈、兄の友、弟の恭、子の孝。

九経　為政者が守るべき九つの原則。すなわち身を修めること、賢者を尊ぶこと、肉親に親しむこと、大臣を敬うこと、群臣の立場になって考えること、庶民をいつくしむこと、百工をねぎらうこと、遠国の人の気持ちを柔らげること、諸侯を懐かせること。

格物致知　事物の道理をきわめ、知的判断力を高める意で、理想的な政治を行うための基本的条件とされた。

易経　儒学経典の一つ。古代の占術を儒家が取り入れて経書としたもの。その理論は、陰・陽の二元をもって天地間の万象を説明する。「周易」または単に「易」ともいう。

伊川易伝　宋代の儒学者・程伊川が『易経』の哲学思想をさまざま

な社会現象と結びつけて解釈した書物。

る。「養うことを推し進める意義は、大きなところでは、天地が万物を育《はぐく》み、聖人が賢者を養ってその恩沢《おんたく》を万民に及ぼすに至る。人が命を大切にすること、身体を養うこと、道徳を涵養《かんよう》すること、人を養育することとともに、すべてが頤養《いよう》の道である」。これがそのもとづくところである。（原漢文）

周の文王と斉の宣王の御苑に関する話は、『孟子』梁恵王章句下に見えます。綱茂公はこの故事を引いて、自分が観頤荘をつくったのは、二者の間をとるのが目的ではなく、己を修めるためであると断っていますが、実はこの発言は裏を返せば、まさに二者の間をとるということを暗示しているのと同じです。

つまり観頤荘は、藩主が一人で楽しむための庭園でもなければ、民に広く開放するための庭園でもなかったといえます。実際に観頤荘は庶民にまで広く開放されることはなかったようですが、城内にあった聖堂を、諸々の人が参拝しやすいように、わざわざ庭園の中に移し、また観音像を安置した妙相堂と羅漢像を安置した羅漢堂を園内の一角にもうけ、「異端を崇拝するのではなく、民衆の世俗的な信仰に委《ゆだ》ねたものである」と記しているのを見れば、ある程度の開放を前提とした空間であったと考えられます。

ただ、右の綱茂公の一連の発言は、あくまでもこの庭園はそれをテーマとしたものではなく、「観頤」による己の修養をテーマとしたものであるということを強調しています。

では、「観頤」とは何でしょうか。綱茂公も述べているように、これは『易経』に出てくる言葉です。「頤」はもともと人間の顎《あご》を指します。『易経』にいうところの「頤卦《いか》」の卦形《かけい》は䷚であり、これは人間が口を開けた形に似ています。また上下の卦の表す意味は、それぞれ艮《ごん》（止まる）と震《しん》（動く）であり、これは人間が物を食べるときの上下の顎のはたらきにも似ています。そこで、「頤」には「養う」という意味が派生しました。

したがって、「観頤」とは「養うところを観る」という意味であり、それは単に身体を養う飲食のことだけを指すのではなく、徳を養うための心の修養をもいいます。綱茂公は、己を修める方法として、『伊川易伝』における「観頤」の解釈をふまえ、庭園の中で天地が万物を育むさまを観察し、それを通して命を大切にし、身体を養い、道徳を涵養し、人を養育するといった「頤養」の道を学び、ひいては賢者を養ってその恩沢を万民に及ぼすことを目指したのです。

そして、綱茂公のこのような考えは、『観頤荘記』の末尾を飾る左記の一連の言葉に、より具体的に示されています。

> これら（観頤荘内の各景観）はすべて園内の風景であり、わたしはこれらによって生を養い、徳を養っている。どうして周の文王の御苑に擬《なぞら》える必要があろうか。またどうして斉の宣王の楽しみと比べる必要があろうか。「頤」の意義を考えれば、すでに充分である。「頤」の意義は、大きなとこ

ろを言えば、天地が万物を育むことであり、小さなところを言えば、園林の中で心を涵養することの大切さである。

道徳心をわきまえれば、物事の道理を速やかに会得することができ、道の教えをわきまえれば、心と頭脳が明敏になり、すぐに実行できる。

花と草木の筋目に、外見の美と内面の実を見ることができ、鳥の鳴き声に、夫婦・兄弟が仲むつまじく楽しむことの大切さを感じ取ることができ、水の流れの豊かさに、万物を受け入れる大きな包容力を知ることができ、山岳の重厚さに、仁徳と長寿を求めることができる。

生を養うことができれば、年長者に仕えることができ、年長者に仕えることができれば、民衆に恵みを施すことができる。たとえ「頤」の意義を論じ尽くしたとしても、園の中で「頤」を見ることに及ぶだろうか。（原漢文）

園内を散策しながら、草木、鳥獣、山水の有りさまを観察することによって、人間社会のさまざまな道理を悟ることができ、また生を養うことによって、年長者に仕えることができ、民衆に恵みを施すことができるといいます。

そして、庭園の中で「頤」を直接観察することは、机上で「頤」の意義を論じ尽くすよりもはるかに効果的であるということを指摘しています。

観頤荘の機能

では、観頤荘は実際にどのような機能を持っていたのでしょうか。

いうまでもなく、まずはそのテーマである「観頤」――藩主の自己修養――の場として機能しました。もちろんこれには観賞、散策、慰楽、養生、思索も含まれます。

次に、第二章で見たように、藩士たちの文武の稽古の場として機能しました。

第三に、聖堂では釈菜が行われたので、祭礼の場として機能しました。

第四に、前節で紹介した『葉隠巻首評註』の記事に「西屋敷に時々逗留して政事を聴断せらるゝことありしに」とあるように、時おり政務の場としても機能しました。『綱茂公御年譜』元禄十五年（一七〇二）閏《うるう》八月二十九日の記事にも、次のようにあります。

於西御屋敷御親類・御家老扨又大組頭中被召出、今度大風ニテ以ノ外損毛ノ由被聞召、難儀可有之ト思召サル、依之当暮出米・出銀差免セラル、委細ノ義ハ年寄共ヨリ可相達旨被仰渡（以下略）

（西御屋敷に、御親類・御家老と大組頭中を召し出し、今回の台風で農作物が大変な被害を受けたことをお聴きになり、皆が困るはずとお考えになった。よって当年暮れの出米《しゅつまい》、出銀《しゅつぎん》を免除した。詳しくは年寄たちから知らせるように命じた）

第五に、家臣を労《ねぎら》う饗宴《きょうえん》の場として機能しました。例えば、同年譜の元禄十四年四月十四日の記事に、次のようにあります。

外様・着坐・独礼・御目付・物頭百石以上、扨又御側勤ノ悴等都テ百三十余人、西御屋敷御庭並仕舞拝見仰付ラレ、其上御酒拝領サセラル。

（外様・着座・独礼・御目付・物頭百石以上と御側勤《おそばづと》めの子など、合わせて百三十余人に、西御屋敷御庭《おにわ》並びに仕舞《しま》いを見物させ、そのうえ御酒を振る舞った）

第六に、藩主が親族との親睦を深める場として機能しました。例えば、同年譜の宝永二年（一七〇五）四月十五日の記事に、次のようにあります。

西御屋敷ニ於テ、諫早豊前茂晴母〔公御妹、於糸殿〕、同内方〔於糸殿腹〕、鍋島主水直恒母〔於糸殿姉、於初殿〕、同姉〔於初殿腹、於松殿〕被為召、

出米 主君の命で家臣たちが供出し、臨時の用にあてる米。

出銀 「出米」と同じく、主君の命で家臣たちが供出し、臨時の用にあてる金銭。

御花見遊バサル。

綱茂公が他家に嫁いだ二人の妹とその娘たちを観頤荘に招いて、花見に興じています。記事には何の花見か明記されていないものの、この時、綱茂公の詠んだ漢詩と和歌が同記事の後に附されており、その内容から藤の花見であったことがわかります。西南エリアの蔓綸藤で行われたのでしょう。

このように、観頤荘は藩主個人の「私」的な養生・修養の場であると同時に、政務・祭礼・教育・社交のための「公」的な空間としても機能し、さらには藩主の権威と教養、品格を顕示する場所でもあったと考えられます。

ただ、観頤荘の寿命はあまりにも短く、多くの可能性と使命を果たす前に惜しくも解体されてしまいました。

第四章　観頤荘のその後

観頤荘の解体

綱茂公が自らの理想、哲学、願い、思いを込めて熱心に経営した観頤荘は、彼が没した約三カ月後には、早くも一部が解体され、家臣らに下賜されました。綱茂公の異母弟で、その跡を継いだ吉茂《よししげ》公（一六六四～一七三〇）の年譜、宝永四年（一七〇七）二月三十日条に、「西屋敷内ヲ左ノ人数へ拝領サセラル」とあり、枝吉利左衛門をはじめ家臣八人の名前があがっています。

解体の理由については、はっきりしたことがわかりませんが、おそらく財政難がもっとも大きな原因でしょう。庭園の造営と維持にはかなりの費用がかかったはずであり、したがって藩内の不満も大きかったと考えられます。

吉茂公が観頤荘の解体に踏み切ったのは、正式に藩主の座につく半月ほど前のことであり、やがて始動する新しい統治体制に安定性をもたせるためにも、ひとまず家臣たちのそうした不満を解消し、藩内の結束力を高めておく必要があったのでしょう。

解体された観頤荘は、大部分が家臣の屋敷地と化しましたが、諫早家に与えられた敷地は同家によって別荘として使用され、十五中小路《じゅうごなかしゅうじ》という場所に位置したことから「十五茶屋」と称されます。そして、この茶屋はのちに再び藩主の所有となり、「十五御茶屋」と称されます。茶屋といいますが、実際は庭園であり、中には馬場ももうけられていました。

第八代藩主治茂《はるしげ》公（一七四五～一八〇五）は、たびたびこの庭園（十五御茶屋）に遊んでいます。また、第十代藩主直正《なおまさ》公（一八一五～七一）も、天保元年（一八三〇）に藩主の座についた後、時おりこの庭園に足を運んでいますが、当時ここには、寛政六年（一七九四）に小城藩主直愈《なおます》公と離縁し実家に立ち戻った、七代藩主重茂《しげもち》公の娘・数姫《かずひめ》（一七六四～一八三二）が居住していました（『泰国院様御年譜地取』寛政六年二月六日、『直正公譜』天保元年五月十四日、鍋島報效会・徴古館展示会図録『神野御茶屋――殿様の別邸』）。

ただ、庭園といっても、その面積は観頤荘時代の数分の一しかなく、かなり狭かったので、数姫没後、天保六年（一八三五）に直正公は病後の療養も兼ねて、新しく水ケ江御茶屋を造営し、十五御茶屋のあった一帯は同八年から武芸調練の場に転用され、「鬼丸調練屋敷」と称されるこの場所で、雄藩を目指した水軍・銃陣の調練が盛んに行われるようになります（『直正公譜』、前掲図録）。

ここに、観頤荘の庭園としての役目は、完全に終焉を迎えることになります。

扶持　主君から家臣に与えられる俸禄（給料）。江戸時代には、一人一日玄米五合を標準とし、この一年分を米または金で給与した。五人扶持はこれの五人分。

図６　天縦殿扁額（公益財団法人鍋島報效会蔵）

鬼丸聖堂の行方

前述したように、観頤荘は宝永四年に解体され、大部分が家臣の屋敷地と化しますが、聖堂だけは幕末まで同地に残されていました。

観頤荘を解体した吉茂公も、聖堂の運営と保護には高い関心と心血を注ぎ、庭園を解体したその年に、儒者の実松元林《さねまつげんりん》を江戸に派遣して、幕府の漢学をつかさどる林家から釈奠の式典について学ばせ、帰国後は五人扶持を与えて、聖堂への心遣いと人材の育成を命じています（『吉茂公譜』）。

そして、翌五年八月四日には、吉茂公の命によって釈菜が執り行われており、正徳二年（一七一二）には、実松元林の自宅にあった講堂（講義を行う広間）が、聖堂の境内に移され、以後天明元年（一七八一）に藩校弘道館《こうどうかん》が創設されるまで、藩士の教育はここで行われることになります。

享保十年（一七二五）、実松元林は清人黄道謙《こうどうけん》より寄進された扁額を講堂に掲げるため、のちに五代藩主となる宗茂《むねしげ》公に揮毫を依頼し、宗茂公はこれに「天《てん》縦殿《しょうでん》」と大書して与えています（図６）。「天縦」とは、『論語』子罕《しかん》篇に見える言葉で、「天がゆるしてほしいままにさせる」、転じて「生まれながらにして非常に優れている」という意味であり、孔子のことをいいます。したがって、「天縦殿」とはそういう孔子の教えを広める建物、つまり学問所を指します。以後、こ

手明槍　佐賀藩士の階級で、予備役の武士の意。身分としては侍の下、徒士・足軽の上に位置する。鍋島勝茂公の時に始まり、手明槍で足軽者頭になることもあった。

の扁額は弘化三年（一八四六）に三聖像と共に藩校弘道館に移されるまで、鬼丸聖堂の講堂に掲げられていました。

　享保十七年（一七三二）六月十一日、実松元林の子孫、実松林左衛門から、聖堂の学問所に集う門人の中から優秀な者を選び、日々輪番で儒学経典の講釈をつとめさせることにより、藩士だけでなく百姓・町民にも広く聴講させたいという新しい提言がなされ、当時の藩主宗茂公はこれを聞きいれて、いよいよ武士から庶民に至るまですべての人が学問に励むようにと、藩内全域に御触れが出されます（『宗茂公御年譜』）。

　なお同十九年四月二十九日には、土井弥三郎・福地七之助・長尾敬三郎・香田鶴松の四名が、学問に精励しているということで抜擢され、土井は侍《さむらい》格に挙げられた上で聖堂のお役目を仰せつかり、福地以下三名は手明槍《てあきやり》格に挙げられています（『宗茂公御年譜』）。

　八代藩主治茂公の時代になると、鬼丸聖堂の学問所は、さらに重要視されるようになります。藩主の座についた翌年の明和八年（一七七一）十月一日に、治茂公はさっそく文武方の多久美作《たくみまさか》に書状をわたし、「家中、文道・武芸之儀、猶又無油断稽古無之而事候」と述べ、文武の道を興隆させる方策を検討させており、同年十二月十二日に多久美作より振興策が奏上されますが、鬼丸聖堂に関わるものとしては、毎月五日・十五日・二十五日に聖堂にて実松林左衛門に経書の講釈をつとめさせ、手空きの御親類・家老も聴講することが記されています（『泰国

図7（右）　顔子立像（公益財団法人鍋島報效会蔵）
図8（中）　孔子倚座像（同）
図9（左）　不群立像（同）

院様御年譜地取』）。

これを受けて、同月十六日には、長森伝次郎と馬渡忠右衛門の二人を実松林左衛門の補助役としてつけるようにと、治茂公より指示がなされています。なお、学問に励み才識もあるということで、一年前から聖堂の御書物方と師範の役を仰せつけられ、講釈もつとめていた千綿新吾が、手明槍格の武士に身分を引き上げられています。

やがて藩校弘道館が創設されると、鬼丸聖堂の学問所としての機能は必然的に薄れていきますが、釈菜は定期的に行われており、以後は教育の場ではなく祭祀の場として機能するようになります。

天明四年（一七八四）には、古くなった聖堂の建物が改築され、落成の際に釈奠が執り行われており、治茂公が「至聖殿落成釈奠告文《しせいでんらくせいせきてんこくぶん》」を記しています（『維適園遺集』巻八、公益財団法人鍋島報效会蔵）。

弘化三年（一八四六）、聖堂は直正公によって藩校弘道館に移され、鬼丸聖堂は解体されますが、その際に鬼丸聖堂から弘道館に移された「天縦殿」の扁額、孔子と弟子の三聖像（図7、図8、図9）が、現在公益財団法人鍋島報效会に保存されています。いまはなき聖堂の面影を、これらの扁額と聖像がわずかに伝えてくれます。

図10　佐賀藩八代藩主・鍋島治茂公肖像（公益財団法人鍋島報效会蔵）

治茂公時代の観頤荘

十五御茶屋

佐賀藩中興の祖として称《たた》えられる名君治茂公（図10）が、藩主の座についたのは明和七年（一七七〇）であり、それは観頤荘の解体から六十三年の歳月が過ぎた後のことです。本書六十頁の図5は元文五年（一七四〇）の城下絵図ですが、これを見ればわかるように、この時点で観頤荘はすでに聖堂だけを残し、他の部分はすべて家臣と寺院（慈眼院）の所有地になっていました。

一方、図11は文化七年（一八一〇）頃の城下絵図であり、これと先の元文五年の絵図を見比べると、元文五年の絵図では「諫早石見抱」となっていた西エリアと西南エリアの敷地が、文化七年頃の絵図では「御茶屋」に変わっています。「御」の字が添えられているので、藩主家の所有になったことがわかります。これがいわゆる十五御茶屋の敷地です。この敷地が具体的にいつ頃、諫早家所有から再び藩主家所有に移ったのか、にわかには断定できませんが、まず治茂公の年譜にあたる『泰国院様御年譜地取』の明和八年十月七日の記事に、

諫早兵庫十五茶屋被為入、責馬御上覧。
附、右茶屋後御用ニ相成、聖堂西脇也。

（諫早兵庫の十五茶屋に入られて、調馬《ちょうば》を御覧になった。
附記、右の茶屋はのちに殿様御用となり、聖堂の西側にある）

とあり、この時点で十五茶屋はまだ諫早家所有であったことが判明します。「責馬《せめうま》」は、馬を乗り馴《な》らすこと、つまり調馬をいいます。十五茶屋には馬場があったことがわかります。おそらく観頤荘時代の馬場がそのまま利用されていたと思われますが、これも断定はできません。

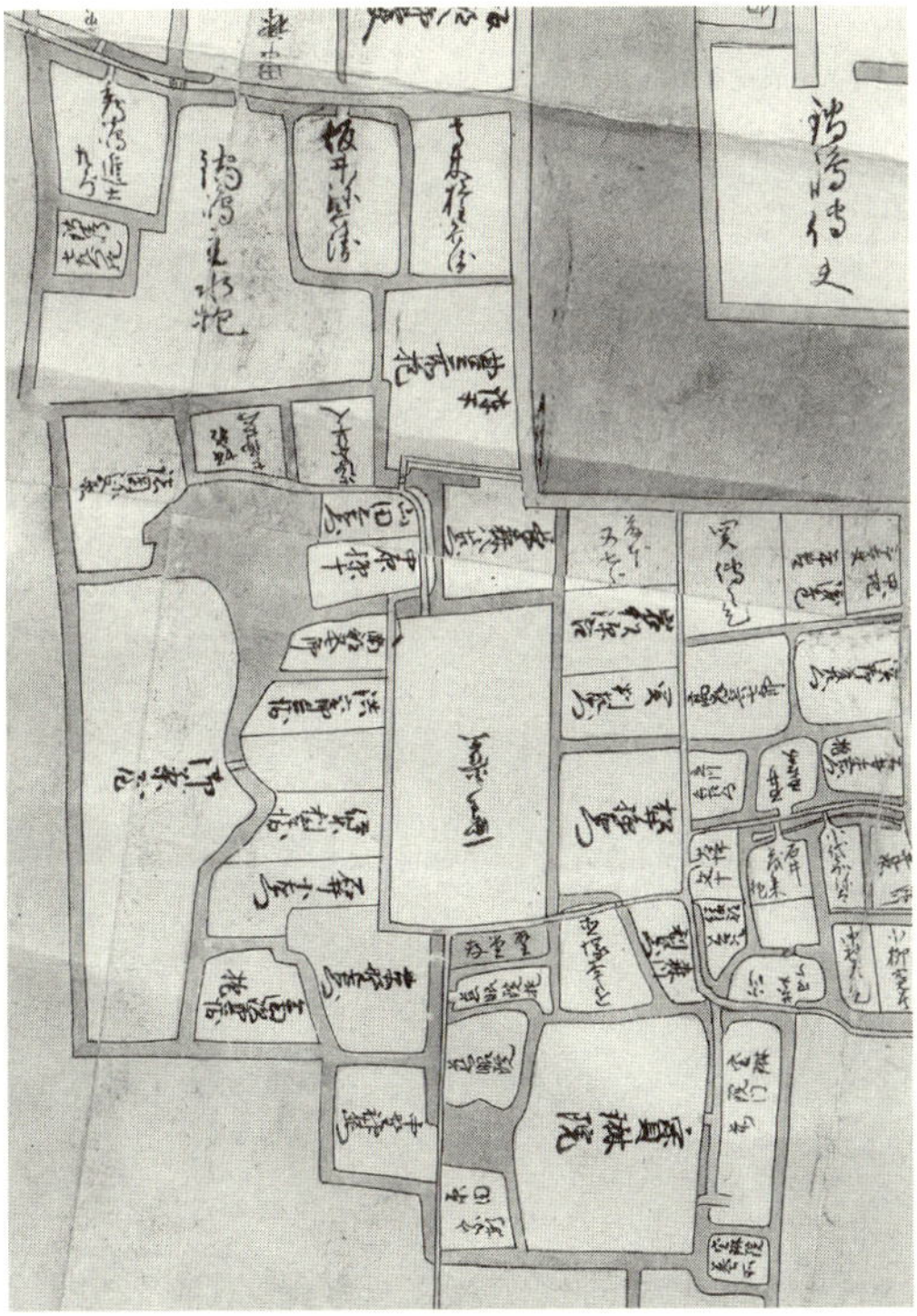

図11　文化７年（1810）頃の御城下絵図（同）

続いて、三日後の記事にも、

為御遊行十五御茶屋被為入、責馬等被仰付、夜ニ御帰城。
但、只今之十五御茶屋也、諫早兵庫存。

（散歩して十五御茶屋に入られ、調馬などを命じ、夜に城へ戻られた。
但し、現在の十五御茶屋である。諫早兵庫が保有していた）

とあり、この日も治茂公は十五茶屋を訪れて調馬を見物していますが、名称はすでに「十五御茶屋」に変わっており、これ以降の記事ではすべて「御」が添えられた形で登場するので、どの時点で藩主所有に変わったのかはっきりしません。
ただ、安永四年（一七七五）六月二十六日の記事には

十五御茶屋へ被為入、音楽被仰付之。
附、右御茶屋ハ元諫早兵庫茶屋也。

（十五御茶屋に入られて、奏楽を命じた。
附記、右の御茶屋はもともと諫早兵庫の茶屋であった）

とあり、この時点ではすでに藩主所有になったことがはっきりします。しかも、「元諫早兵庫茶屋」という表記がここで初めて登場するので、庭園が諫早家の所有から藩主の所有に変わったのは、おそらくこの頃であろうと推測されます。

なお、治茂公が十五茶屋を訪れた記事が初めて登場する明和八年（一七七一）十月から、庭園が藩主の所有に変わったこの時点までは、約三年半の歳月が経っており、その間も治茂公はしばしばここを訪れていますが、庭園の楽しみ方として、それまでは基本的に調馬と弓術の見物であったのが、ここで初めて音楽が登場することも注目に値します。

「鬼丸聖堂の行方」ですでに述べたように、治茂公は藩主の座についてまもなく藩内における文武両道の隆盛を目指しますが、この頃（安永四年）にはさらに文教政策を強化し、やがてそれは藩校弘道館の創設に結びつき、人材の育成と藩の発展を促すことになったと考えられます。

観頤荘に集う

十五御茶屋が藩主所有となった後、治茂公はさらに頻繁にここを訪れるようになります。そして興味深いのは、観頤荘の解体以降、ほぼすべての歴史記録がここを十五茶屋または十五御茶屋と称しているのに対して、治茂公はこの場所を「観頤荘」と呼んでいることです。治茂公にとって、ここはあくまでも「観頤荘」の一部であり、綱茂公の理想と思いがそのまま残っている場所だったのでしょう。

そして、治茂公は文人・儒者らをこの庭園に招いて、文雅の集いを催していま
す。治茂公による次の漢詩を見ましょう。

遊観頤荘、贈菅彝　**観頤荘《かんいそう》に遊《あそ》び、菅彝《かんい》に贈《おく》る**

1 観頤荘上宴　観頤荘上《かんいそうじょう》に宴《うたげ》し
2 置酒倚高楼　置酒《ちしゅ》して高楼《こうろう》に倚《よ》る
3 寵待迎縫掖　寵待《ちょうたい》して縫掖《ほうえき》を迎《むか》え
4 浩歌解蒯緱　浩歌《こうか》して蒯緱《かいこう》を解《と》く
5 経綸嘉業就　経綸《けいりん》　業《ぎょう》の就《な》るを嘉《よみ》し
6 醞藉羨才優　醞藉《うんしゃ》　才《さい》の優《すぐ》るるを羨《うらや》む
7 烟景看将晏　烟景《えんけい》　看《みす》みす将《まさ》に晏《く》れなんとし
8 春宵勝乎秋　春宵《しゅんしょう》　秋《あき》に勝《まさ》る
9 棲鴉蔵茂柳　棲鴉《せいあ》　茂柳《もりゅう》に蔵《かく》れ
10 飛兎印清流　飛兎《ひと》　清流《せいりゅう》に印《しるし》す
11 風外花香動　風外《ふうがい》に花香《かこう》動《うご》き
12 席間星影浮　席間《せきかん》に星影《せいえい》浮《う》かぶ
13 交情感嵇阮　交情《こうじょう》　嵇阮《けいげん》に感《かん》じ
14 詞賦擬応劉　詞賦《しふ》　応劉《おうりゅう》に擬《ぎ》す
15 升降雖習礼　升降《しょうこう》して礼《れい》に習《なら》うと雖《いえど》も

16 献酬不饜遊　献酬《けんしゅう》して遊《あそ》ぶに饜《あ》かず
17 為憐林下趣　為《ため》に憐《あわれ》む　林下《りんか》の趣《おもむき》
18 偏慰世中愁　偏《ひと》えに慰《なぐさ》む　世中《せいちゅう》の愁《うれ》い
19 良会難常得　良会《りょうかい》　常《つね》には得難《えがた》し
20 何妨車轄投　何《なん》ぞ妨《さまた》げん　車轄《しゃかつ》を投《とう》ずるを（『維適園別集』巻一）

観頤荘に遊び、菅彝に贈る

観頤荘にて宴を開き
酒肴《しゅこう》をもうけて高殿による
文人を迎えて手厚くもてなし
朗々と唱って腰から刀を外す
治国の達人、治績のなるを褒め称え
人柄の温和にして、才能の優れていることを羨《うらや》む
霞のたなびく春景色はやがて暮れ
春の夕べの趣は、実に秋に勝る
ねぐらをもとめる鴉（夕陽）は茂った柳に隠れ
走る兎（月）は清らかな流れに姿を映す
風が花の香りを運んで来て
杯の中に星の光が揺れ動く

交情は嵆康《けいこう》と阮籍《げんせき》を思わせ
詞賦は応瑒《おうとう》と劉楨《りゅうてい》に等しい
応酬は君臣の礼儀作法に従うものの
酒を酌み交わして、楽しみは尽きることがない
世外の風情を愛し
世俗の愁いを慰める
このような良き集いは、常に得られるものではないので
馬車の車輪の楔《くさび》を井戸に投げ込んででも、あなたを引き留めたいものだ

題と第1、2句からわかるように、観頤荘に集い、菅彝《かんい》という人物のために詠んだ詩です。菅彝が具体的にどういう人物であったかははっきりしませんが、菅元吉という人に与えた治茂公の書簡（「与菅元吉」、『維適園遺集』巻八所収）に、「観頤荘の集いまではまだ日数がある」（観頤荘聚会有日侯）と記されているので、おそらくは同一人物であったのでしょう。

菅元吉は『唐太土人風俗図絵』（函館市中央図書館蔵）という作品を残しており、その奥書に、「于時享和元年辛酉夏六月、御小人目附高橋次大夫、蒙命唐太嶋見分ニ付、手附相勤候節、於唐太嶋写」とあるので、幕命を奉じて樺太《からふと》の調査を行う官僚の事務官として随行していたことがわかります。

治茂公の書簡には、帰郷して親孝行するように促す内容が記されており、もと

もとは佐賀の人であったのでしょう。治茂公の漢詩には「菅生」としてしばしば登場しており、その才能を買われて寵愛を受けていたと見られます。

第3句の「寵待」は、寵愛して手厚くもてなす意。「縫掖」は文人・儒者らが着用する衣服のことで、ここでは菅彝を指します。第5句の「経綸」は国を治め整えること、またそれに長けた人。菅彝が治茂公の治績を褒め称えたことをいいます。治茂公には別に「贈菅彝」（『維適園遺集』巻四）という詩があり、その一句に「経綸吾豈敢」（経綸という言葉はわたしには分に過ぎます）とあるので、菅彝が治茂公を「経綸」と褒め称えたことがわかります。第6句の「醞藉」は、性格や態度が穏やかで包容力のあること。ここでは菅彝の人柄をいいます。

第9句の「棲鴉」はもともと「ねぐらをもとめるカラス」の意味ですが、ここでは沈む夕陽のことをいいます。古来、中国では、太陽には三本足のカラス（三《さん》足烏《そくう》）が棲み、月にはウサギまたはヒキガエルが棲むと考えられていたので、これらがそれぞれの象徴とされます。したがって第10句の「飛兎」も、もともとは「飛ぶように足の速いウサギ」の意味ですが、ここでは月のたとえとして使われています。

第7～10句には、観頤荘の高殿から見える風景――霞のたなびく春景色が、やがて夕暮れを迎え、日が沈み、月が昇って、園内の曲水に月が浮かぶ――といった情景が描かれています。続いて第11、12句には、春のそよ風が運んでくる花の香と、杯中に映ってきらめく星の光。春たけなわの観頤荘の夜に開かれた宴のひときが、絵画的に美しく描かれています。

第13句の「嵆阮」は竹林の七賢の嵆康と阮籍。二人とも詩文にすぐれ、酒を好み、孤高にして世におもねらなかったことでよく名を併称されます。「阮籍青眼《げんせきせいがん》」の言葉で知られるように、阮籍は青眼と白眼を使い分け、世俗にとらわれた気に入らない人物に対しては白い目で応対し、俗気がなく自分の気に入った人物に対しては青眼で対応したといいます。ちなみに、嵆康と阮籍の交わりについては、次のような逸話が残っています。

阮籍が喪に服していたとき、嵆喜《けいき》という人物が礼法に則《のっと》り弔問しました。すると、阮籍が白い目で応対したので、嵆喜は怒って帰ってしまいます。これを聞いた弟の嵆康が、代わりに酒と琴を携えて阮籍を訪れると、今度は喜んで青眼で迎えてくれたといいます（『晋書』阮籍伝）。

世俗にとらわれない両人の孤高で清雅な交わりを物語る逸話です。治茂公の右の詩も、このことをふまえ、俗気のない菅彝と自身とのつき合いを、嵆康と阮籍の交情にたとえているのです。

続いて、第14句の「応劉」は建安七子の応場と劉楨。両人とも豊かな文学的才能を発揮し、曹操《そうそう》に召し出されて、丞相掾属《じょうしょうえんぞく》（今日の総理大臣補佐官に相当）に任命されます。ここでは詩才に富む菅彝を応場と劉楨に、そして彼を礼遇する治茂公自身を、曹操にたとえていると見ることができましょう。

第15句の「升降」は上りと下り、ここでは立ったり座ったりする立ち居振る舞

竹林の七賢　中国の晋代（二六五～四一九）に、俗塵を避けて竹林に集まり、清談を行ったとされる七人の隠士。

建安七子　中国の建安年間（一九六～二二〇）に輩出した七人の詩文家。

楔　車軸の端の穴に差し込んで車輪がはずれるのを防ぐ小さな棒。

図12　古賀精里肖像（公益財団法人鍋島報效会蔵）

い、または藩主と臣下という両人の異なる身分とそれに応じた礼儀作法を指すと思われます。第16句の「献酬」は主人と客が杯をやり取りすること。第17句の「林下」は林のもと、転じて世俗を離れた場所をいいます。

最終句の「車轄」は車輪の楔。中国・漢の時代の陳遵《ちんじゅん》という人物が客を好み、客を招いて宴を催すと、玄関を閉め、客が乗って来た馬車の楔を井戸に投げこんで、引き留めたという故事をふまえています（『漢書』遊俠列伝・陳遵伝、『蒙求』「陳遵投轄」）。

広大な観頤荘と比べれば、その規模はわずか数分の一しかなく、はなはだ物足りない感じもしたはずですが、それでも治茂公はこの庭園に深い愛着を抱き、時おり文人・儒者らをここに招いて歓談し、共に酒を飲んで詩を詠み、文雅の集いを催したことがわかります。

古賀精里と観頤荘

続いて、治茂公に抜擢されて藩校弘道館の初代教授をつとめ、のちに幕府の学問所、昌平黌《しょうへいこう》に招かれて、「寛政の三博士」の一人と称された古賀精里（一七五〇～一八一七、図12）が、観頤荘を詠んだ漢詩を一首紹介しましょう。

観頤荘集

1一雨園庭暖
2百花次第開
3幽情苔色古
4楽意鳥声催
5風日宜擒藻
6絃歌旧育才
7緇林還早計
8春服詠帰来

観頤荘《かんいそう》に集《つど》う

一雨《いちう》に園庭《えんてい》暖《あたた》かに
百花《ひやっか》　次第《しだい》に開《ひら》く
幽情《ゆうじょう》　苔色《たいしょく》古《ふ》り
楽意《らくい》　鳥声《ちょうせい》催《うなが》す
風日《ふうじつ》　宜《よろ》しく藻《そう》を擒《とら》うべく
絃歌《げんか》　旧《もと》より才《さい》を育《はぐく》む
緇林《しりん》　還《な》お早計《そうけい》
春服《しゅんぷく》　詠《えい》じて帰《かえ》り来《きた》らん

（『精里全書』巻二、詩集二）

観頤荘に集う

ひと雨に庭園は暖かくなり
色とりどりの花が次第に咲きはじめる
古い苔は静かな情趣を覚えさせ
鳥の囀《さえず》り声が心を弾ませる
観頤荘の風光は詩作に相応《ふさわ》しく
音楽はもとより人材を育《はぐく》む
学校創設はまだ時期尚早なれば
春着をまとって詩を口ずさみながら帰ってこよう

題からわかるように、精里のこの詩も観頤荘での集いを詠んだものです。まず第1、2句では、雨あがりの庭園に次々と咲きはじめる色とりどりの花を描いています。続いて第3句の「幽情」は静かな情趣、第4句の「楽意」は心中に喜び楽しむことです。

第5句の「風日」は風光、美しい景色。「擒藻」の「擒」はとらえる意、「藻」は「詞藻《しそう》」つまり詩歌や文章。「擒藻」の二文字で詩文をつくることを意味します。したがってこの句では、観頤荘の美しい風景が、詩文をつくるのに相応しいということを表現しています。

第6句の「絃歌」は、琴瑟《きんしつ》（琴も瑟も絃楽器の一種）に合わせて歌うこと。第7句の「緇林」の「緇」は、黒色の布。「緇林」は、黒い布を張ったように樹木が鬱蒼《うつそう》と茂った林をいいます。『荘子』漁父《ぎょほ》篇に、孔子が緇林に遊び、杏壇《きょうだん》（周りに杏《あんず》の木が植えられた壇）に坐して休み、弟子が書を読むと、琴《きん》を弾いて歌を歌った（絃歌鼓琴）ということが記されていることから、「緇林」も「杏壇」も学問をする場所、つまり学校の代名詞として用いられます。第6句の「絃歌 旧より才を育む」もこの故事をふまえています。

第7句の「早計」は早すぎる計画。よって第7句は学校（藩校）をつくるのはまだ時期尚早であるという意味を表しており、おそらくこの日の集いでは、藩校創設の話が出ていたのでしょう。

最終句の「春服」は春着のこと。後の「詠帰来」と合わせて、『論語』先進《せんしん》篇

『荘子』 『老子』と併称される道家の代表的な書物。中国戦国時代の荘周とその後学の著とされる。初期道家の根本思想を、寓話を用いて説いている。

に記された次の故事をふまえています。ある時、孔子が弟子の子路《しろ》・曽晳《そうせき》・冉有《ぜんゆう》・公西華《こうせいか》の四人に、それぞれの抱負を述べさせたところ、曽晳を除く三人は、みな官吏になって立派な業績をあげる抱負を語りましたが、曽晳だけは春の終わり頃に春着を身につけ、青年五、六人、少年六、七人と一緒に、川に出かけて水浴びをし、雨乞いの壇のある場所で涼み、詩を吟じながら帰って来たい、と答えました。それを聞いて孔子は感嘆し、自分も曽晳と同じ考えであると述べました。

精里はこの故事をふまえて、藩校創設はまだ時期尚早であり、藩校がつくられるまでは、ひとまずこの庭園（観頤荘）の中で、青年や少年たちを教育したいという考えを述べています。古い苔や鳥の鳴き声に感性を養わせ、美しい景色をもって詩文創作を習わせ、音楽を通して人格を陶冶させ、川や野原での遊びと聖堂（右記の故事では雨乞いの壇に該当する場所）での礼拝を通して、儒学でいう「詩書礼楽」の教育を施したいという考えです。

言い換えれば、もと観頤荘の一部であったこの庭園は、そのような教育を施すのに適した場所であるということを暗示しており、精里のそのような観点は、観頤荘をつくった綱茂公の理念とも合致する部分があったということを意味します。観頤荘に託された綱茂公の理想は、半世紀以上の歳月を経て、やっと真の理解者を得たということができましょう。

そして精里のこのような考えは、当然治茂公にも影響を与えたはずです。前述したように、十五御茶屋が藩主の所有となるまで、治茂公は基本的にここで調馬と弓術の見物をしていますが、安永四年（一七七五）六月に十五御茶屋を所有した後は、代わりに音楽の演奏を命じています。

十五御茶屋が諫早家所有から藩主所有に変わった経緯については、まだ詳しいことがわかっていませんが、おそらくは治茂公が所望した結果であろうと推測されます。藩校が創設されるまでの藩士教育の場として、美しい景色と奥深い情趣が備わり、しかも聖堂のすぐ近くにあって、儒学の「詩書礼楽」の精神を見事に具現したこの場所——十五御茶屋の庭園——が、精里にはぜひとも欲しかったはずであり、それはもともと学問好きで儒学の教養も深かった治茂公の価値観とも見事に一致したはずです。

ちなみに、治茂公の文教政策を支えた人物にもう一人、石井鶴山（一七四四～九〇）がいます。治茂公が初めて鶴山を招いて儒学の講義を聴いたのは、安永三年冬、鶴山が江戸に遊学していた時期であり、翌年一月、鶴山は治茂公から十人扶持を与えられ、続けて江戸に留まって勉学するように命じられます。そして翌五年夏に帰国して、治茂公の侍講をつとめるようになりますが、その間の安永四年六月に、十五御茶屋の庭園が、諫早家所有から藩主所有に変わったのは、やはり単なる偶然ではなく、この頃から治茂公が文教政策に力を入れはじめたことを意味します。

精里にはほかに「観頤荘、分韻」（『精里全書』巻二、詩集二）という詩があり、鶴山にも「観頤荘集、分賦鞨鼓」（『鶴山遺稿』巻二）などの詩があります。紙幅

石井鶴山　儒学者。多久出身。多久の学問所、東原庠舎で学んだ後、江戸に遊学。治茂公に抜擢されてその侍講をつとめ、藩校弘道館の創設に大きく貢献した。弘道館が開設された後は、教授古賀精里のもとで助教をつとめ、藩士の教育に尽力した。

の都合により詳細な紹介は割愛しますが、詩題からわかるように、いずれも観頤荘での集いの中で即興的に詠まれたものであり、治茂公を中心として、精里、鶴山などによる文雅の集いが、たびたびもとの観頤荘の一角――十五御茶屋――で催されたことが窺えます。

近世初期に綱茂公が観頤荘に託した理想と願いは、近世中期の治茂公と精里、鶴山らによって再発見、継承され、やがて藩校弘道館の創設に結びつき、幕末の名君直正公と弘道館から輩出した優れた人材によって大きく花開いていきます。そういう意味でも、観頤荘とその精神は、佐賀にとってけっして忘れられるべきものではない、と筆者は考えています。

参考文献

堤主禮『雨中の伽』、中村幸彦ほか校訂『随筆百花苑』第十五巻、中央公論社、一九八一年
『佐賀県近世史料』第一編第一〜八巻、第十一巻、佐賀県立図書館、一九九二〜二〇〇三年
『佐賀県近世史料』第二編第一巻、佐賀県立図書館、二〇〇九年
財団法人鍋島報效会・徴古館展示会図録『歴代藩主と佐賀城』二〇一一年
公益財団法人鍋島報效会・徴古館展示会図録『神野御茶屋――殿様の別邸』二〇一二年
同財団法人・徴古館展示会図録『御城下絵図に見る佐賀のまち』第二版、二〇一五年
同財団法人・徴古館展示会図録『御城下絵図を読み解く』第二版、二〇一六年
白幡洋三郎『大名庭園　江戸の饗宴』講談社、一九九七年
尼崎博正「大名庭園の空間把握」、京都造形芸術大学日本庭園研究センター編『庭園講座Ⅷ　大名庭園の世界』二〇〇一年
飛田範夫『江戸の庭園――将軍から庶民まで』京都大学学術出版会、二〇〇九年
中尾友香梨「来日明人任元衡より鹿島藩主鍋島直條に贈られた填詞作品」、佐賀大学地域学歴史文化研究センター『研究紀要』第十号、二〇一六年
中山成一「富本梅坡と和歌伝授」、『雅俗』第十六号、雅俗の会、二〇一七年
中尾友香梨「小城藩主・鍋島直能と江戸の林家一門――咸臨閣を舞台とした交流――」、伊藤昭弘編『佐賀学Ⅲ――佐賀をめぐる「交流」の展開』佐賀大学地域学歴史文化研究センター、二〇一七年

あとがき

公益財団法人鍋島報效会・徴古館の展示会図録で、「観頤荘図」を初めて目にした時、一瞬、身が震えるほどの衝撃が全身に走ったのを今も憶えています。絵の美しさに感動したのもありますが、それよりも、こんなに立派な庭園が、かつて佐賀城下に、それもわたしが毎日仕事に通っている大学のすぐ隣にあった、というのが大きな驚きでした。

広々とした敷地に、複雑に錯綜して流れる無数の川。ゴツゴツとしていながらどこかユーモラスな表情を見せる岩山。その上から流れ落ちる白い滝、ソテツを植えた岡、龍の形をした不思議なオブジェ、大きな藤棚……。

視線を画面中央に移すと、欄干の付いた大きな太鼓橋が川にかかっており、水辺には赤い花が今を盛りと咲き誇っています。そして手前には、丸い垣根に囲まれた丸い屋根の小さな茶室が、何とも可愛らしい姿で静かにたたずんでいます。

そこから視線をやや左上にずらすと、今度は、赤い欄干と瓦屋根の塀に囲まれた中国風の建物（聖堂）が、厳《おごそ》かな雰囲気をかもし出しており、その後には雲のように咲き乱れる桜の花と長い馬場……。

そのまま視線を上にずらすと、二階建ての立派な楼閣……。

そして画面の左側には、動物を放し飼いにしている区域があり、細い渓流と大きな庭石を挟んで右側に描かれているのは、赤い欄干をめぐらした月見台（抱明榭）……。

さらに手前には、瓦の屋根の中央に赤い炎がついているような、いかにも異国風の建物が建っており、近くの川には二艘の屋形船まで停泊しています……。

まるでおとぎの国を描いたようなダイナミックで不思議な絵に、魔法にかかったように引き込まれたわたしは、ただちに観頤荘について調べはじめ、そこから綱茂公の『観頤荘記』にたどり着くのはすぐでした。そして、『観頤荘記』を読み進めていくにつれて、そこにちりばめられた綱茂公の豊かな漢詩文の教養に、「観頤荘図」を見た時の衝撃に負けないほどの驚きと感動を覚え、この資料をぜひ多くの人に読んでもらいたいという気持ちが、次第に強くなっていきました。

そうして、二年前に本学地域学歴史文化研究センターから刊行したのが、資料集『佐賀藩第三代藩主鍋島綱茂の文芸——「観頤荘記」を読む』です。専門家だけでなく、一般の読者にも広く読んでもらいたいという一心で、翻字した原文に、書き下し文と現代語訳をつけました。

思ったより大変な作業でしたが、『観頤荘記』と「観頤荘図」、そして古地図と現代地図をつき合わせながら、庭園全体の構成と建物の位置関係を確認する作業は、まるで片手に『観頤荘記』というガイドブックを持ち、もう片手には「観頤荘図」という地図を持って、三百年前の大名庭園にタイムスリップし、探検しているような気分でした。疲れながらも、ドキドキ、ワクワクしていたのを覚えています。

特に大名庭園の場合は、本書の第二章でも取り上げたように、歩を進めるにつれて、次々と新しい景観が現れて、遊園者を楽しませてくれます。今度は何が出てくるのだろう、という期待感が疲れを忘れさせてくれます。

昨年夏、思いがけないことに、学長から秋のホームカミングデーで研究紹介をしてみないかという打診を受け、とても驚きました。地域の歴史文化をコツコツと調べている地味な研究が、まさか学長の目に止まるとは思いもよらなかったからです。地域のことを大切に思ってくださることが、何より嬉しく、そして大きな励みとなりました。

さらに、本学のクリエイティブ・ラーニングセンターをご紹介くださり、そのおかげで、観頤荘の研究は飛躍的な進展をみました。同センターのスタッフである永溪晃二先生が、観頤荘の景観を古地図と現代地図にそれぞれ落とし込んでくださったので、園内構成が一気にイメージしやすくなりました。

もしCGやバーチャルリアリティの技術を導入すれば、三百年前の佐賀城下にあった幻の大名庭園――観頤荘――はいつか再現できるかもしれません。

わたしの研究がそのきっかけとなれば望外の幸せです。

本書の刊行に際しては、公益財団法人鍋島報效会から画像の使用をはじめ多大なご協力をいただきました。また、同財団の徴古館学芸員の富田紘次様には、筆者が観頤荘の研究に着手した当初から、たびたび貴重なご教示をいただきました。特に佐賀藩内の近世の地名、観頤荘ができあがった背景などについては、富田様からのご教示によるところが多くあります。

また、前述したように、本学クリエイティブ・ラーニングセンターの永溪晃二先生には、地図の作成においてホームカミングデーの時から多大なご協力をいただきました。本学地域学歴史文化研究センターの伊藤昭弘先生と海鳥社の原野義行様にも大変お世話になりました。

合わせて心よりお礼申し上げます！

本書は一般読者を主な対象としているため、わかりやすさを優先し、込み入った考証はなるべく避けています。参考にした先行研究も、直接関係ある場合を除き、巻末にまとめて掲載させていただきました。資料の引用に際しては、通行の字体を用いることを原則としましたが、人名に関してはその限りではありません。

平成三十年二月吉日

著者

中尾友香梨（なかお・ゆかり）

佐賀大学全学教育機構准教授．

博士（比較社会文化），九州大学大学院博士後期課程単位取得満期退学．

主要編著・論文

『江戸文人と明清楽』汲古書院，2010年．

『歴史に埋もれた名医——徳永雨卿』佐賀大学地域学歴史文化研究センター，2011年．

『文人大名鍋島直條の詩箋巻』同センター，共著，2014年．

『佐賀藩第三代藩主鍋島綱茂の文芸——「観頤荘記」を読む』同センター，2016年．

「江戸中期の名医・徳永雨卿」，『佐賀学　佐賀の歴史・文化・環境』，同センター，2011年．

「文人大名——鍋島直條」，『佐賀学Ⅱ　佐賀の歴史・文化・環境』，同センター，2014年．

「肥前鹿島藩第四代藩主・鍋島直條と詞」，『風絮』第12号，日本詞曲学会，2016年．

「来日明人任元衡より鹿島藩主鍋島直條に贈られた填詞作品」，佐賀大学地域学歴史文化研究センター『研究紀要』第10号，2016年．

「小城藩主・鍋島直能と江戸の林家一門——咸臨閣を舞台とした交流——」，伊藤昭弘編『佐賀学Ⅲ　佐賀をめぐる「交流」の展開』同センター，2017年．ほか多数

佐賀学ブックレット⑥
佐《さ》賀《が》城《じよう》下《か》にあった幻《まぼろし》の大《だい》名《みよう》庭《てい》園《えん》——観《かん》頤《い》荘《そう》

■

2018年3月30日　第1刷発行

■

著者　中尾　友香梨
発行者　佐賀大学地域学歴史文化研究センター
〒840-8502　佐賀市本庄町1
電話・ＦＡＸ　0952（28）8378
制作・発売　有限会社海鳥社
〒812-0023　福岡市博多区奈良屋町13番4号
電話 092（272）0120　FAX 092（272）0121
http://www.kaichosha-f.co.jp
印刷・製本　大村印刷株式株式会社
［定価は表紙カバーに表示］
ISBN978-4-86656-024-3